FRASES PODEROSAS
PARA LIDAR COM **PESSOAS DIFÍCEIS**

Renée Evenson

FRASES PODEROSAS PARA LIDAR COM PESSOAS DIFÍCEIS

Mais de **300 opções** para resolver conflitos com chefes e colegas de trabalho

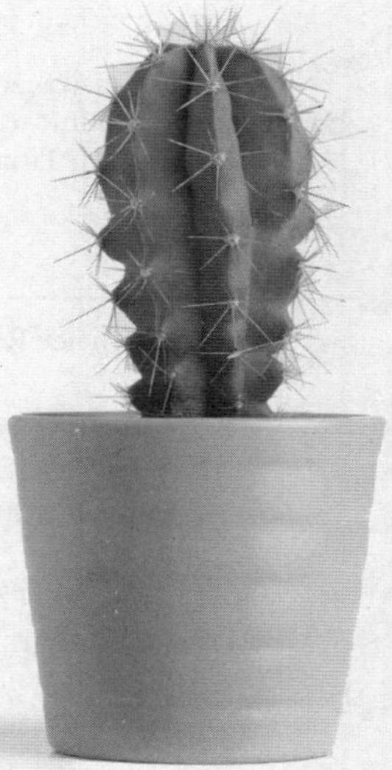

Título original: *Powerful Phrases for Dealing with Difficult People*
Copyright © 2014 por Renée Evenson
Copyright da tradução © 2023 por GMT Editores Ltda.

Publicado mediante acordo com HarperCollins Focus, LLC.

Todos os direitos reservados. Nenhuma parte deste livro pode ser utilizada ou reproduzida sob quaisquer meios existentes sem autorização por escrito dos editores.

tradução: Ivanir Calado
preparo de originais: Ana Tereza Clemente
revisão: Ana Grillo e Priscila Cerqueira
diagramação: Valéria Teixeira
capa: DuatDesign
imagem de capa: Maram / Shutterstock
impressão e acabamento: Associação Religiosa Imprensa da Fé

CIP-BRASIL. CATALOGAÇÃO NA PUBLICAÇÃO
SINDICATO NACIONAL DOS EDITORES DE LIVROS, RJ

E94f

Evenson, Renée, 1951-
  Frases poderosas para lidar com pessoas difíceis / Renée Evenson ; tradução Ivanir Calado. - 1. ed. - Rio de Janeiro : Sextante, 2023.
  256 p. ; 21 cm.

  Tradução de: Powerful phrases for dealing with difficult people

  ISBN 978-65-5564-753-2

  1. Administração de pessoal. 2. Administração de conflitos. 3. Relações humanas. 4. Comunicação interpessoal. 5. Sucesso nos negócios. I. Calado, Ivanir. II. Título.

23-86180
CDD: 650.13014
CDU: 005.59:005.95

Meri Gleice Rodrigues de Souza - Bibliotecária - CRB-7/6439

Todos os direitos reservados, no Brasil, por
GMT Editores Ltda.
Rua Voluntários da Pátria, 45 – Gr. 1.404 – Botafogo
22270-000 – Rio de Janeiro – RJ
Tel.: (21) 2538-4100 – Fax: (21) 2286-9244
E-mail: atendimento@sextante.com.br
www.sextante.com.br

SUMÁRIO

INTRODUÇÃO   9

PRIMEIRA PARTE
Frases poderosas + ações = relacionamentos profissionais bem-sucedidos   13

1   A comunicação por meio de frases poderosas   14
    Solução de conflitos: o modo errado   16
    Por que isso não funciona   17
    Comece com frases que tenham "eu"   18
    Frases de compreensão   20
    Frases de desculpas   22
    Frases de ajuste   24
    Frases de resolução   27
    Frases de reconciliação   30
    Solução de conflitos: o modo certo   31
    Por que isso funciona   33

2   Ações que dão mais força às frases poderosas   35
    Solução de conflitos: o modo errado   37
    Por que isso não funciona   39
    Linguagem corporal   39
    Expressões faciais   42

Tom de voz   46
Assertividade   48
Solução de conflitos: o modo certo   50
Por que isso funciona   53

SEGUNDA PARTE
Solução eficaz de conflitos = relações profissionais mais fortes   55

3 Cinco passos para a solução efetiva de conflitos   56

Solução de conflitos: o modo errado   58
Por que isso não funciona   59
Primeiro passo: pense antes   60
Segundo passo: procure compreender melhor   62
Terceiro passo: defina o problema   66
Quarto passo: ofereça a melhor solução   67
Quinto passo: concordem com a resolução   71
Solução de conflitos: o modo certo   74
Por que isso funciona   78

4 Frases poderosas para situações desafiadoras com colegas de trabalho   79

Regras básicas para confrontar um colega de trabalho   80
Como lidar com alguém que ataca pelas costas   81
Como lidar com um puxa-saco   86
Como lidar com alguém que faz bullying   91
Como lidar com alguém que rouba os créditos   97
Como lidar com uma pessoa crítica   101

Como lidar com alguém que viola a ética 106

Como lidar com alguém que manda e-mails em excesso 111

Como lidar com uma pessoa fofoqueira 116

Como lidar com um sabichão 120

Como lidar com um atrasadinho 125

Como lidar com gente que fala alto 130

Como lidar com um monopolizador de reuniões 135

Como lidar com alguém que vive cometendo erros 140

Como lidar com uma pessoa negativa 145

Como lidar com uma pessoa com má higiene pessoal 150

Como lidar com alguém que invade o espaço pessoal dos outros 154

Como lidar com um malandro 158

Como lidar com uma pessoa que revela informações demais sobre si mesma 163

Como lidar com uma pessoa lamurienta 168

Como lidar com um banana 172

5 Frases poderosas para situações desafiadoras com seu chefe 177

Regras básicas ao confrontar seu chefe 178

Como lidar com um chefe abusivo 180

Como lidar com um chefe controlador 185

Como lidar com um chefe egocêntrico 190

Como lidar com um chefe incompetente 196

Como lidar com um chefe incoerente 202

Como lidar com um chefe viciado em microgerenciamento 207

Como lidar com um chefe pouco comunicativo   212
Como lidar com um chefe passivo   217
Como lidar com um chefe reativo   223
Como lidar com um chefe antiético   228

6 Frases poderosas para situações que você provoca   234

Solução de conflitos: o modo errado   236
Por que isso não funciona   237
Primeiro passo: pense antes   238
Segundo passo: procure compreender melhor   241
Terceiro passo: defina o problema   244
Quarto passo: ofereça a melhor solução   246
Quinto passo: concordem com a resolução   248
Solução de conflitos: o modo certo   249
Por que isso funciona   251

AGRADECIMENTOS   253
SOBRE A AUTORA   255

INTRODUÇÃO

Ter uma relação harmoniosa e produtiva com funcionários, colegas e chefes é uma habilidade fundamental que precisa ser dominada. Mas, ao entrar no mundo do trabalho, você não está equipado com esse conjunto de capacidades, em particular no sentido de lidar com pessoas difíceis. Quando personalidades diferentes precisam estar lado a lado todos os dias e se dar bem umas com as outras, a situação pode se tornar desafiadora. Você pode escolher seus amigos, mas não pode escolher com quem trabalha. E, quando passa muito tempo com pessoas que não fazem parte do seu grupo mais íntimo, pode ter dificuldade de entrosamento.

No entanto, a capacidade de manter relações fortes no ambiente de trabalho é muito importante, até mesmo vital para o sucesso. É comum um funcionário que interage bem com todos ser promovido antes de outro que tem mais conhecimento técnico. Relacionar-se bem com os que estão à nossa volta não significa necessariamente ser agradável o tempo todo, porque sabemos que problemas surgirão em algum momento. A capacidade de lidar de modo eficaz com os desafios é que fará você se destacar como alguém que valoriza a importância de solucionar conflitos para manter relacionamentos sólidos.

As situações de conflito costumam ser muito difíceis porque nos afastam da nossa zona de conforto. A maioria de nós se sente desconfortável ao lidar com qualquer tipo de atrito, por isso deixamos de encarar os problemas e esperamos que desapareçam sozinhos. Mas isso jamais acontece. Se você não trabalhar para solucionar a desavença de modo rápido e eficiente, uma de duas coisas vai acontecer: ou o relacionamento profissional com aquela pessoa sofrerá danos permanentes, ou você engolirá as emoções negativas e continuará tentando ignorar o problema. Só que um relacionamento profissional abalado continuará a apresentar fraturas, e com o tempo pode se romper por completo.

Quando você sabota suas emoções, elas esquentam aos poucos até que um dia entram em ebulição, o que pode levá-lo a perder o controle numa explosão de palavras das quais acabará se arrependendo depois.

Existe uma forma efetiva de lidar com os desentendimentos no trabalho. Iniciar uma conversa construtiva para resolver qualquer problema, à medida que ele vem à tona, é o único modo de demonstrar sua capacidade de interagir com os outros o tempo todo... e ainda aumentar suas chances de sucesso.

Em *Frases poderosas para lidar com pessoas difíceis* você encontrará as ferramentas que lhe permitirão enfrentar qualquer tipo de conflito com quem quer que seja. Você aprenderá a obter a cooperação de colegas sabichões, dos monopolizadores de atenção em reuniões, de pessoas que mandam e-mails em excesso. Aprenderá a se comunicar de modo inteligente com um chefe que pode ser abusivo, egocêntrico, excessivamente controlador ou pouco comunicativo. E, quando você provocar algum problema, aprenderá a se recuperar com rapidez, a se reorganizar e a trabalhar para resolver a questão e fazer as pazes com o discordante.

Neste livro você aprenderá mais de 325 frases poderosas para se comunicar de modo eficaz, além de ações igualmente poderosas para reforçar essas frases. Vai se familiarizar com o processo de cinco passos para solucionar qualquer tipo de conflito. Desenvolverá também a capacidade de enfrentar problemas com trinta tipos de comportamentos e personalidades difíceis. E em todo o livro encontrará dicas com o título "Algo para pensar", que detalham como enfrentar situações incomuns. As palavras e expressões poderosas estarão em *itálico*, e o tipo de frase ou palavra em **destaque**.

A Primeira Parte, "Frases poderosas + ações = relacionamentos profissionais bem-sucedidos", explica as frases e as técnicas não verbais que formam a base para se comunicar bem e evitar conflitos. Você aprenderá quando incorporar frases com a palavra "eu" para comunicar como o problema afeta você, além de palavras e frases de compreensão, desculpa, ajuste, solução e reconciliação. Vai refinar a linguagem corporal, as expressões faciais, o tom de voz e as ações assertivas que melhorarão sua interação no trabalho.

Os dois capítulos da Primeira Parte incluem *Solução de conflitos: o modo errado/Por que isso não funciona* e *Solução de conflitos: o modo certo/Por que isso funciona*. São exemplos de diálogos para reforçar de que modo frases e ações serão vantajosas ao lidar com qualquer tipo de divergência. Esses capítulos incluem ainda um resumo de frases e técnicas não verbais para consulta rápida.

A Segunda Parte, "Solução eficaz de conflitos = relações profissionais mais fortes", aproveita palavras e frases, e técnicas não verbais apresentadas na Primeira Parte para mostrar a você quando e como incorporá-las em suas conversas. No Capítulo 3, você aprenderá a técnica dos cinco passos para dar fim a qualquer confronto. Nesse capítulo estão incluídos exemplos de diálogos, além de um resumo dos pontos fundamentais para cada um dos passos.

Os Capítulos 4 e 5 descrevem vinte comportamentos difíceis de colegas de trabalho e dez tipos de personalidades difíceis dos chefes. Você descobrirá como usar o processo de cinco passos para resolver problemas de maneira concreta. Exemplos de diálogos guiarão você em cada passo do processo. Esses capítulos incluem "Como fazer a abordagem certa", dicas úteis de consulta rápida para lidar com cada um dos comportamentos e tipos de personalidade.

No Capítulo 6, você aprenderá a enfrentar situações em que provocou um problema. Quando perceber que disse ou fez algo inadequado, ofensivo ou pouco gentil, estará preparado para assumir a iniciativa e incorporar frases e palavras poderosas para consertar o relacionamento. E, quando for procurado por alguém para falar de uma atitude inconveniente que tomou sem perceber, aprenderá a se recuperar rapidamente e dar os cinco passos para solucionar o conflito, não importando se a pessoa aborda você de modo construtivo ou se o confronta de maneira rancorosa ou ofensiva.

Frases poderosas para lidar com pessoas difíceis será seu guia quando você tiver que enfrentar entraves com seus funcionários, colegas ou chefes. Você poderá identificar comportamentos e tipos de personalidade que são perturbadores para você. Desenvolverá confiança para resolver qualquer tipo de embate com qualquer pessoa, quer você entre em atrito com alguém, quer outra pessoa tenha um problema com você. Este livro vai capacitá-lo a estabelecer um diálogo produtivo a fim de solucionar problemas rapidamente e tornar mais leve o seu ambiente de trabalho.

Além disso, ele aumentará sua capacidade de comunicação e de liderança e incrementará sua assertividade. Quando você desenvolver essas habilidades, será visto como alguém que se conecta bem com os outros. E isso reforçará seus relacionamentos profissionais.

PRIMEIRA PARTE

**Frases poderosas +
ações = relacionamentos
profissionais
bem-sucedidos**

1
A comunicação por meio de frases poderosas

Tentar se relacionar bem com colegas de trabalho e chefes pode ser uma tarefa difícil, na melhor das hipóteses. Mas, como você passa mais horas no trabalho do que em casa, faz sentido ter um convívio saudável com todos. No entanto, quando precisa interagir o dia inteiro com pessoas que, vamos admitir, podem não ser aquelas com quem você escolheria estar, elas podem testar sua paciência, irritá-lo e azedar suas atitudes.

O resultado é que, por melhor que você se relacione com quem está ao seu redor, não é possível se dar bem com todo mundo o tempo todo. Sempre que pessoas passam muito tempo juntas, surgem desentendimentos. Em situações de trabalho então, pode ser particularmente difícil lidar com essas desavenças. É mais complicado manter a compostura e o controle quando um colega faz algo que o irrita, mas é exatamente isso que você precisa fazer.

Os funcionários capazes de se manter calmos e lidar com os conflitos de modo sensato são vistos de modo mais positivo por colegas e chefes. Quando você pensa antes de falar, planeja a melhor abordagem para um problema e se comunica de maneira construtiva, seus colegas e chefes têm mais probabilidade de ouvir e reagir com consideração.

Se você se sente incomodado diante de uma discórdia, não está sozinho. A maioria das pessoas fica desconfortável ao ter que enfrentar uma desavença no trabalho e espera que o problema desapareça por si só. A má notícia é que ignorar o conflito só tende a agravar o cenário, a ponto de transformar uma coisa pequena em uma situação difícil de ser administrada. É como a gota d'água que faz o copo transbordar. Se for deixado sem solução, o desentendimento pode tornar você descontente e amargo; pode destruir seus relacionamentos profissionais e afetar negativamente suas interações com clientes, vendedores e outros contatos. Na pior das hipóteses, uma crise não solucionada no trabalho pode acabar afetando seus relacionamentos pessoais.

Então, o que acontece quando as pessoas com quem você trabalha – e para quem trabalha – não são fáceis de lidar? O que você faz quando seus colegas não assumem a responsabilidade pelos próprios atos, gostam de fofocar, roubam o crédito pelo seu trabalho, falam alto demais ou fazem bullying com alguém? O que você faz quando seu chefe acumula trabalho, repreende você na frente dos colegas, mostra favoritismo por alguém ou não tem conhecimento suficiente acerca do cargo que ocupa? E o que acontece quando não são seus colegas ou seu chefe que provocam o problema: o que fazer quando é você que está causando o conflito? Você pode, inadvertidamente, dizer ou fazer algo e mais tarde perceber que aquilo talvez tenha soado mal para outra pessoa. Ou pode nem perceber seu erro até que alguém deixe isso bem claro. Saber como se recuperar logo e solucionar o conflito quando você é o causador lhe permite manter relacionamentos profissionais construtivos.

Ao se armar do conhecimento necessário para iniciar um diálogo positivo numa situação conflituosa, comunicando-se de maneira assertiva e trabalhando para encontrar uma solução que seja boa para todos, você obterá a cooperação e o respeito dos colegas e da chefia. E ainda será visto como um funcionário comprometido em fazer parte da solução, e não do problema.

Este capítulo se concentra no básico da comunicação diante de um entrave: as frases poderosas que você usará ao discutir um problema com um colega ou chefe. Elas funcionam até mesmo quando você tem uma discordância com um amigo ou alguém da família.

Munir-se das frases certas para se comunicar pode fazer toda a diferença entre pôr fim inteligentemente a um confronto ou complicar ainda mais uma situação que já é difícil. Incorporar frases poderosas ao vocabulário é o primeiro passo para resolver a desarmonia no trabalho.

SOLUÇÃO DE CONFLITOS: O MODO ERRADO

Durante uma reunião de equipe, Kate estava no meio da apresentação quando sua colega Emma a interrompeu e discordou do que ela estava dizendo. Por conta disso, Kate perdeu a concentração e a confiança e achou difícil se recuperar e voltar aos trilhos. Ficou chateada e com raiva, até porque Emma já a havia interrompido numa reunião anterior.

Kate não parava de pensar na atitude da colega desde a primeira vez que ela interrompeu sua apresentação. Assim, quando viu Emma no corredor, disse bruscamente:

– Escuta, você sempre me interrompe nas reuniões. Ontem fez isso de novo. Você se intrometeu e começou a discordar de mim antes que eu concluísse meu raciocínio. Fico bem chateada toda vez que isso acontece.

– Eu não interrompo você *sempre* – reagiu Emma com rispidez.

– E talvez, se você dissesse alguma coisa que fizesse sentido, eu não precisasse discordar.

– Bom, da próxima vez guarde suas ideias até eu terminar de falar, está bem?

– Quem você acha que é? – contrapôs Emma. – Eu tenho o direito de dar minha opinião. Se você estiver falando bobagem, vou interromper.

Emma se afastou bufando, deixando Kate furiosa.

POR QUE ISSO NÃO FUNCIONA

Essa conversa estava destinada a não terminar bem desde o instante em que Kate acusou Emma de sempre interrompê-la. Emma partiu para a defensiva, a conversa azedou e a interação foi péssima. As duas falaram com raiva e não havia como transformar as falas agressivas em um diálogo construtivo. Quando Emma saiu pisando firme e deixou Kate irritada, o problema não estava resolvido e, mais importante, o relacionamento das duas foi prejudicado. Kate conseguiu deixar claro que as interrupções a incomodavam, e no futuro Emma pode até ter o cuidado de não a interromper, mas é provável que as duas tenham dificuldade de se relacionar bem e trabalhar juntas.

ALGO PARA PENSAR

Ao confrontar alguém, evite usar as palavras *sempre* ou *nunca*. Quando você diz a alguém: "Você sempre..." ou "Você nunca...", o outro se concentra mais nessa única palavra do que no argumento que você está tentando formular. E logo ficará na defensiva, como aconteceu com Emma. É bastante raro que alguma coisa se repita *sempre* ou não aconteça *nunca*.

COMECE COM FRASES QUE TENHAM "EU"

A regra número um para solucionar conflitos é jamais começar uma conversa com a palavra *você*. Fazer isso pode resultar em raiva, gritos, acusações lançadas mutuamente ou alguém se afastando com irritação. Alguém já lhe disse algo como: "Você fala demais! Ninguém consegue dizer uma palavra" ou "Você nunca assume a responsabilidade pelos seus erros"? Sua reação provável é se defender e contra-atacar. "Não, não falo! O Bob fala tanto quanto ou mais que eu." Ou: "Assumo, sim. E você? Eu vivo consertando os seus erros." Esse não é, de fato, um modo sensato de iniciar uma conversa quando estamos tentando acalmar os ânimos.

Se você tem algum problema com uma pessoa e decide discuti-lo, é difícil ter uma conversa produtiva que se inicia com uma acusação ou algo que faça parecer que você a está culpando. Quando confrontar alguém que fez algo que o incomode, mantenha o foco no "eu" e não no "você". Pense em como o comportamento do colega fez com que você se sentisse. Abra a conversa com uma declaração que comece com a palavra "eu", descrevendo como aquilo o afetou, e você será recebido de modo mais positivo. Afinal de contas, sou "eu" que tenho o problema. "Você" pode nem saber que o que fez me incomodou.

Exemplos de frases com "eu"

Você não vai querer que sua primeira fala pareça um ataque ao caráter da outra pessoa. Assim, comece sempre com uma frase que tenha "eu":

- *"Eu fiquei magoado quando você disse que cometo erros demais."*

- *"Eu fiquei chateado quando você assumiu o crédito pelo meu trabalho."*
- *"Eu me senti traído quando soube que você falou pelas minhas costas."*
- *"Eu fiquei confuso e perdi o foco quando você me interrompeu durante minha apresentação de vendas."*
- *"Eu fiquei surpreso quando você interveio antes que eu tivesse tempo de terminar."*
- *"Eu fico frustrado quando você fala tão alto que não consigo ouvir meus clientes."*

> **ALGO PARA PENSAR**
>
> Se você não sabe como iniciar a conversa, tente começar com algo como *"Eu preciso falar com você"* ou *"Eu quero desabafar com você"* ou *"Aconteceu uma coisa que está me incomodando"*.

Incorporando frases com "eu"

Aqui vai um exemplo de como Kate poderia ter iniciado a conversa:

"Eu queria falar uma coisa com você. Ontem, durante a reunião, fiquei chateada quando estava no meio da apresentação e você discordou do que eu dizia. Isso realmente me desconcentrou e me tirou dos trilhos."

Se Kate tivesse dito algo assim, o diálogo com Emma seria levado numa direção diferente. Kate mostrou o que tinha acontecido e deu uma ideia de como isso afetou sua apresentação. Emma iria se concentrar nos sentimentos de Kate e isso provavelmente evitaria que ela se colocasse na defensiva. Depois de ouvir Kate, Emma entenderia o problema da colega... ou não.

De qualquer modo, Kate teria dado o primeiro passo positivo para discutir e solucionar o conflito de modo eficaz.

Emma poderia ter respondido:
– Ih, desculpe. Foi sem querer.

Ou poderia ter dito:
– Eu não concordei com o que você estava dizendo e achei importante verbalizar minha opinião antes de você ir mais longe.

A primeira hipótese provavelmente se resolveria com o acréscimo de frases de compreensão e resolução (como você aprenderá a seguir). Emma percebeu como Kate se sentiu, assumiu a responsabilidade, pediu desculpas e no futuro ficará mais atenta para não interrompê-la.

Na segunda hipótese, Emma ouviu como Kate se sentia mas não assumiu a responsabilidade pelos próprios atos. Nesse caso, Kate precisará continuar a discussão para pôr fim ao embate; caso contrário, Emma tomará a mesma atitude de novo e Kate ficará chateada outra vez.

FRASES DE COMPREENSÃO

Abrir as conversas com frases que incluam a palavra "eu" mantém o foco em como os atos da outra pessoa fazem você se sentir. Depois de ouvir o que o outro tem a dizer, é importante deixar claro que você entende que ele enxerga a situação de modo diferente. Ao fazer isso, você demonstra disposição de compreender a perspectiva do outro antes de tirar uma conclusão ou atribuir culpa.

Ao mostrar à pessoa que você entende que ela pode ter um ponto de vista diferente, você abre a porta para uma conversa proveitosa. Demonstrar compreensão é uma excelente maneira de cultivar a harmonia. Vocês podem encontrar uma base comum, e isso tende a encorajar o outro a olhar o problema pelo seu ponto de vista. Depois de ouvir o que você diz, ele pode responder: "Sabe, agora que estou pensando nisso, eu não gostaria que fizessem o mesmo comigo."

Oferecer uma frase de compreensão permite que você se coloque na posição da pessoa por um momento. Digamos que um colega de trabalho venha sendo mal-educado com você. Isso o incomoda porque você não consegue pensar em nada que tenha dito ou feito para que ele o trate desse modo, por isso ofereceu uma frase com "eu" e seu colega pediu desculpas. Então, você oferece uma frase compreensiva, do tipo: "Sei que você não fez aquilo de propósito, mas fiquei pensando se eu disse algo que incomodou você." Dizer isso encoraja o colega a se abrir: "Não, não é nada com você. Minha mãe fez uma cirurgia séria e, desde que recebeu alta do hospital, eu estou cuidando dela. Estou ficando exausto e sem energia." Você teve um momento de revelação. Nesse caso, oferecer uma frase compreensiva e se colocar na posição do colega deixou tudo sob outra perspectiva.

Exemplos de frases de compreensão

Você pode combinar uma frase que tenha "eu" com uma frase de compreensão em situações em que a outra pessoa não assumiu a responsabilidade pelos próprios atos ou parece não entender o que você sente.

- *"Eu sei que você não fez isso de propósito."*
- *"Eu sei que você não queria dizer aquilo desse modo."*
- *"Eu tenho certeza de que você estava simplesmente empolgado quando começou a falar."*
- *"Eu estou certo de que você não pretendia levar o crédito pela minha ideia."*

- *"Eu conheço você o suficiente para saber que você não faria isso intencionalmente comigo."*

Você também pode usar uma frase de compreensão quando houver um momento de revelação. Incorporar uma frase de compreensão nesse ponto levará a conversa adiante de modo positivo.

- *"Agora eu entendo o que você queria dizer."*
- *"Agora eu compreendo a situação pelo seu ponto de vista."*
- *"Eu estou percebendo por que você achou que isso não iria me incomodar."*
- *"Que bom que você me deu essa informação. Eu entendo por que você fez aquilo."*

Incorporando frases de compreensão

Depois de Emma pedir desculpas, na primeira hipótese, Kate ofereceu uma frase de compreensão: *"Eu percebi que você não sabia que aquilo iria me incomodar."* As duas têm uma ideia melhor da situação, que talvez não aconteça de novo.

Mas na segunda hipótese, quando Emma não assumiu a responsabilidade, Kate disse: *"Olha, eu sei que você não faria isso de propósito para me chatear."* Agora a bola está com Emma. Ela respondeu: "Claro que não fiz para chatear você. Eu não sabia se teria a oportunidade de verbalizar minha opinião se não falasse imediatamente." Agora elas têm um diálogo construtivo.

FRASES DE DESCULPAS

Dizer que sente muito não significa necessariamente que você está errado. "Sinto muito" quer dizer que você está assumindo a responsabilidade por solucionar o conflito e consertar o relacionamento. Você pode pedir desculpas para explicar o que está pensando, como está se sentindo em relação ao que aconteceu, ou por que sente necessidade de trazer o assunto à tona.

Oferecer uma frase de desculpas pode abrir as linhas de comunicação e levar o diálogo em frente de modo favorável. Um pedido sincero de desculpas tem enorme poder. Pode acabar com a raiva, diminuir o orgulho, aliviar mágoas. Nem sempre você precisará incorporar uma frase de desculpas na conversa para solucionar um conflito, mas, se achar que isso ajudará a manter o diálogo franco, por que não? Sempre que você chega a um impasse na conversa e a outra pessoa não está disposta a ceder ou a enxergar a situação pela sua perspectiva, pedir desculpas pode acalmar os ânimos acirrados.

Exemplos de frases de desculpas

Ofereça uma frase desse tipo sempre que achar que isso encoraja a empatia entre o outro e você.

- *"Desculpe se pareci irritado demais."*
- *"Me desculpe por não ter entendido a sua intenção."*
- *"Sinto muito por precisarmos ter esta conversa."*
- *"Me desculpe por não ter entendido o que aconteceu."*
- *"Lamento por trazer isso à tona."*
- *"Por favor, me desculpe por estar me sentindo assim."*

Incorporando frases de desculpas

Na primeira hipótese, Emma pediu desculpas e assumiu a responsabilidade. Como resultado, o enfrentamento foi resolvido, de modo que não havia necessidade de Kate se desculpar. Na segunda hipótese, Emma não assumiu a responsabilidade. Assim, depois de oferecer uma frase de compreensão, Kate acrescentou: *"Desculpe se isso parece banal."* Ao dizer isso, deixou claro que não somente entendeu que elas enxergavam a situação de modos diferentes, mas que desejava que Emma respondesse para que ela tivesse uma ideia melhor da posição da colega.

FRASES DE AJUSTE

O ajuste é o melhor modo de resolver um conflito. Em geral, as pessoas conseguem chegar a um ajuste quando permanecem flexíveis, fazem perguntas para entender melhor a situação, escutam com a mente aberta, olham para a circunstância pelo ponto de vista do outro, tentam encontrar o meio-termo. Quando os envolvidos num choque de interesses são capazes de fazer uma concessão mútua, as chances de chegar a uma solução aumentam bastante.

Dizer frases de ajuste significa que você quer negociar de modo justo e encontrar a melhor saída, e que se dispõe a permanecer aberto para o acordo. As frases de ajuste demonstram que você quer cooperar, ouvir e tentar encontrar um meio-termo. Quando você está disposto a cooperar, os outros têm mais probabilidade de colaborar com você. Quando você está aberto a ouvir, os outros se mostram mais aptos a ouvir você. E, quando você tenta chegar a um acordo que é bom para todas as partes, os outros podem encontrar você no meio do caminho. Quando essas coisas acontecem, você está pronto para negociar uma conclusão satisfatória.

Exemplos de frases de ajuste

Quando você abre a conversa usando uma frase com "eu" e oferece uma frase de compreensão e seu colega não assume a responsabilidade, é bom acrescentar uma frase de ajuste para continuar o diálogo.

- "Vamos conversar. Preciso saber por que isso aconteceu e como podemos impedir que aconteça de novo."
- "Podemos conversar sobre o que aconteceu?"
- "Sinto que precisamos conversar sobre isso, para que não aconteça de novo."
- "Vamos conversar em particular e tentar resolver isso."
- "Vamos conversar sobre isso e encontrar um meio-termo adequado."
- "Eu gostaria de saber como você enxergou a situação, para entender melhor."

Durante a discussão para resolver o problema, é importante permanecer flexível, por isso é bom incorporar frases de ajuste adicionais.

- "Você enxerga a coisa do seguinte modo: _____. E eu enxergo do seguinte modo: _____. Vejamos como podemos nos entender em relação a isso."
- "Como não concordamos com o motivo para isso ter acontecido, vamos estabelecer os fatos e bolar uma solução que sirva para nós dois."
- "Por que cada um de nós não deixa claros os pontos de vista? Então, veremos se podemos encontrar um terreno comum."
- "Precisamos resolver isso de algum modo. A única maneira de conseguir é sendo flexíveis e tentando nos unir."

Incorporando frases de ajuste

Na primeira hipótese, Emma assumiu a responsabilidade, o problema se resolveu e não foi necessário continuar a discussão. Mas na segunda, Kate precisou levar a conversa adiante. Assim, ela escolheu frases de desculpas, dizendo que sabia que Emma poderia achar que a questão era insignificante. E Emma respondeu:
– É, acho mesmo que é banal.
Kate havia se preparado para esse tipo de resposta e disse:
– Para mim não foi uma coisa banal. Você tem alguns minutos agora? *Eu gostaria de conversar sobre isso e encontrar uma solução aceitável* (**ajuste**). Vamos à sala de reunião, onde poderemos falar de maneira reservada.

Depois de fechar a porta, Kate disse:
– *Por que não analisamos a situação pelo ponto de vista uma da outra? Isso pode nos ajudar a chegar a um consenso* (**ajuste**).
– Tudo bem, claro. Você não gosta que eu discorde de você, e eu achei que era importante verbalizar minha opinião.
– Não foi isso que me incomodou. *Sei que você nem sempre vai concordar* (**compreensão**). O que me incomodou foi você me interromper no meio da apresentação, e isso me tirou dos trilhos. Eu agradeceria se você esperasse até eu terminar de falar, para verbalizar sua discordância.
– Desculpe se desconcentrei você. Isso também me incomodaria. Mas eu não sabia se teria chance de falar caso esperasse. Numa outra reunião, eu esperei. E, quando você terminou de falar, a discussão mudou de direção e eu não pude apresentar meu argumento.
– *Ah, entendo como isso deve ter sido frustrante* (**compreensão**). O que você acha se, de agora em diante, você me deixar terminar a apresentação sem ser interrompida? Vou garantir que ninguém mude de assunto antes de perguntar se os participantes

gostariam de acrescentar alguma coisa. Assim, você poderá dar sua opinião (**ajuste**).
– Para mim está bom.

> **ALGO PARA PENSAR**
>
> O timing é importante quando você tenta solucionar qualquer tipo de conflito. Assim, antes de começar a discussão, certifique-se de que é um momento propício. Quando Kate perguntou se Emma tinha alguns minutos para conversar, garantiu que Emma estivesse aberta para o diálogo. Se não for uma hora boa para a outra pessoa, pergunte quando será e marque um horário que seja ideal para ambos.

FRASES DE RESOLUÇÃO

Como você viu no cenário anterior, as colegas de trabalho puderam discutir calmamente a situação, conversar sobre o problema e chegar a um meio-termo. É assim que acontecem muitas discussões para pôr fim a desavenças. Quando cada uma das partes envolvidas pode verbalizar sua opinião, ouvir o ponto de vista da outra e chegar a um acordo sobre uma solução, todo mundo se sente bem com o resultado.

Oferecer uma frase de resolução é o próximo passo importante. Você vai querer que todos estejam de acordo sobre o resultado. E, no caso de não alcançar um consenso de todas as partes envolvidas, você garantirá que todos entendam por que essa é a melhor solução.

Imagine, por exemplo, um debate sobre o melhor modo de

resolver erros de cobranças. A maioria concorda em administrá-lo no ponto de contato, mas um membro da equipe acredita que o responsável pelo erro é quem deve cuidar do problema. No final da reunião, você precisa obter a concordância da pessoa que resistiu, explicando por que aquela saída foi a escolhida: "Olha, Josh, sabemos que você tem outra opinião (**compreensão**). Mas, se entregarmos o contato a outro funcionário, haverá uma demora na resolução do impasse. Será necessário um tempo extra para explicar a situação. E se o empregado estiver de férias? *Como o restante de nós acha que esse é o melhor modo de cuidar desses erros, será que você pode aceitar a nossa solução?* (**resolução**)" Josh responde: "Entendo seu ponto de vista. No passado, não lidamos bem com esse tipo de problema, mas, como todos vamos lidar com ele do mesmo modo, concordo."

Exemplos de frases de resolução

Depois de encontrar uma alternativa aceitável por todas as partes, acrescente uma frase de resolução para demonstrar o apreço por terem conseguido chegar a um acordo.

- *"Estou feliz porque pudemos resolver isso."*
- *"Estou achando ótimo que tenhamos conversado sobre isso. Temos um entendimento melhor sobre o que aconteceu."*
- *"Estou satisfeito porque pudemos esclarecer o mal-entendido."*
- *"Estou empolgado porque chegamos a um acordo."*

Se você não tem certeza de que a solução é aceitável para todos, verbalize sua frase de resolução em forma de pergunta.

- *"Estão satisfeitos com a solução?"*
- *"Há mais alguma coisa que precisamos abordar?"*

- "Vocês acham que estamos compreendendo melhor o que provocou o problema?"
- "O que vocês acham da solução?"
- "Estou satisfeito com o acordo. O que vocês acham?"

Incorporando frases de resolução

Na primeira hipótese, quando Emma assumiu a responsabilidade, Kate acrescentou uma frase de resolução:
– *Que bom que pudemos conversar sobre isso.*

E na segunda hipótese, quando Emma respondeu "Para mim está bom", ela estava deixando claro que as duas haviam alcançado uma saída para a colisão de ideias. Kate se sentiu bem porque haviam conseguido um ajuste, e disse: "*Que bom que pudemos conversar sobre isso.*" Em seguida, reafirmou a resolução:
– *Agora entendo melhor o seu ponto de vista. Depois de terminar qualquer apresentação futura, vou me certificar de que você tenha a chance de falar, mesmo se for para discordar de mim* (**resolução**).

As duas riram e se sentiram bem por terem conseguido colocar um ponto final no enfrentamento.

ALGO PARA PENSAR

É uma boa ideia reafirmar a resolução, para o caso de você ter interpretado mal o que você e seu colega concordaram em fazer.

FRASES DE RECONCILIAÇÃO

Sempre que conversar sobre um problema, demonstrar compreensão e chegar a uma conclusão, você deve se orgulhar de ter resolvido a divergência de modo eficaz. Você começou a conversa usando uma frase com "eu" e uma frase de compreensão. Pode ter sentido ou não a necessidade de se desculpar. Em seguida, incorporou frases de ajuste durante a discussão e, depois de chegarem a um acordo, ofereceu uma frase de resolução.

Antes de dar um basta ao impasse, dê mais um passo e diga algo sobre o valor do relacionamento profissional entre vocês. Dizer à outra pessoa que ela é importante encerra a conversa num tom positivo e reforçará o relacionamento profissional.

Exemplos de frases de reconciliação

Encerre sempre as discussões com um comentário positivo sobre o relacionamento entre vocês.

- "*Valorizo o nosso relacionamento profissional. Daqui em diante acho que poderemos solucionar qualquer problema.*"
- "*Que bom que conversamos sobre isso. Agora tenho certeza de que podemos resolver qualquer problema.*"
- "*Respeito você... e sei que de agora em diante vamos trabalhar mais unidos ainda.*"
- "*Fico feliz porque conversamos sobre isso. No futuro, não vamos deixar nenhuma discordância atrapalhar a nossa amizade.*"
- "*Agora entendo você melhor, e espero que você também me compreenda bem.*"
- "*Nós sempre trabalhamos juntos e daqui em diante... sei que não deixaremos um problema pequeno nos atrapalhar.*"

Incorporando frases de reconciliação

Depois de oferecer uma frase de reconciliação, Kate disse:
– *Fico feliz por termos conversado sobre isso. Valorizo nosso relacionamento profissional e não gostaria que nada atrapalhasse isso* (**reconciliação**).

As duas saíram satisfeitas com o resultado da reunião e se sentindo capazes de enfrentar qualquer problema.

SOLUÇÃO DE CONFLITOS: O MODO CERTO

Depois de Emma interromper Kate mais uma vez e discordar do que ela estava dizendo, Kate ficou chateada. Achou difícil se recuperar, mas conseguiu terminar a apresentação sem parecer abalada. Como isso já havia acontecido antes, Kate viu um padrão se repetindo. Aparentemente, Emma não a respeitava, então Kate achou que era hora de enfrentar a situação. Mas, antes de falar, levou em conta qual seria o melhor modo de se aproximar de Emma. E pensou nas conversas que poderiam acontecer em seguida.

No dia seguinte, enquanto conversavam, Kate esperou uma pausa e disse:
– *Queria falar uma coisa com você. Ontem, durante a reunião, fiquei chateada quando estava no meio da apresentação e você me interrompeu para discordar do que eu dizia. Isso me desconcentrou e me tirou dos trilhos* (**frase com "eu"**).

Kate esperava que Emma entendesse o seu ponto de vista, assumisse a responsabilidade e se desculpasse por tê-la interrompido. Em vez disso, Emma disse:
– Eu não concordava com o que você estava dizendo e achei importante verbalizar minha opinião antes de você ir mais longe.

Kate não ouviu o que queria, mas, como havia se preparado para essa hipótese, disse:

– *Olha, sei que você não faria isso de propósito para me chatear* (**compreensão**).

Emma respondeu:

– Claro que não fiz para chatear você. Não sabia se teria a oportunidade de verbalizar minha opinião se não falasse imediatamente.

Kate achou importante acrescentar uma frase de desculpa para impedir que Emma ficasse na defensiva, por isso acrescentou:

– *Desculpe se isso parece banal* (**pedido de desculpas**).

Emma não recuou:

– É, acho mesmo que é banal.

Kate sabia que, se quisesse que Emma passasse a agir de outra forma, precisaria continuar a conversa. Sabia, pelo comportamento de Emma, que precisava ser assertiva e ainda assim permanecer calma.

– Para mim não foi uma coisa banal. Você tem alguns minutos agora? *Eu gostaria de conversar sobre isso e encontrar uma solução aceitável* (**ajuste**). Vamos à sala de reunião, onde podemos falar em particular.

Kate sentiu que Emma estava desconfortável e que precisaria ir com cuidado. Depois de fechar a porta, começou:

– *Por que não analisamos a situação pelo ponto de vista de cada uma de nós? Isso pode nos ajudar a chegar a um consenso* (**ajuste**).

– Tudo bem, claro. Você não gosta que eu discorde de você, e eu achei que era importante verbalizar minha opinião.

– Não foi isso que me incomodou. *Sei que você nem sempre vai concordar* (**compreensão**). O que me incomodou foi você me interromper no meio da apresentação, e isso me tirou dos trilhos. *Eu agradeceria se você esperasse até eu terminar de falar, para verbalizar sua discordância* (**ajuste**).

– Desculpe se tirei você dos trilhos. Isso também me incomodaria. Mas eu não sabia se teria chance, caso esperasse. Numa outra reunião eu esperei e, quando você terminou de falar, a discussão mudou de direção e eu não pude apresentar meu argumento.
– *Ah, entendo como isso deve ter sido frustrante* (**compreensão**). *De agora em diante, se você me deixar terminar a apresentação sem ser interrompida, vou garantir que ninguém mude de assunto antes de perguntar se os participantes gostariam de acrescentar alguma coisa. Assim você poderá dar sua opinião* (**ajuste**).
– Para mim está bom.

Kate sentiu que agora Emma entendia sua posição e concordava com a solução proposta. Então reafirmou a resolução:
– *Agora entendo melhor o seu ponto de vista. Depois de terminar qualquer apresentação futura, vou me certificar de que você tenha a chance de falar, mesmo se for para discordar de mim* (**resolução**).

As duas riram e se sentiram bem por terem conseguido resolver o problema.

Então Kate acrescentou:
– *Fico feliz por termos conversado sobre isso. Valorizo nosso relacionamento profissional e não gostaria que nada atrapalhasse isso* (**reconciliação**).

POR QUE ISSO FUNCIONA

Ao comparar as duas conversas, você percebeu, pelo modo como Kate deu início ao diálogo, que ele iria acabar mal rapidamente. Na segunda hipótese, apesar de estar chateada com o que havia acontecido, Kate parou para pensar no melhor modo de falar com Emma. Além disso, analisou várias hipóteses para não ser apanhada desprevenida.

Ela começou usando uma frase com "eu". Isso pareceu melhor

que uma frase com "você", culpando Emma por interrompê-la. Ao oferecer frases de compreensão, Kate demonstrou que estava aberta para ouvir o ponto de vista de Emma. E ofereceu uma frase de desculpas, esperando que isso ajudasse Emma a sentir empatia por ela. Depois, durante toda a conversa, Kate disse frases de ajuste para continuar com o diálogo. Quando Emma mencionou que numa ocasião anterior não pôde verbalizar o que pensava, Kate teve um momento de revelação. Pôde enxergar a situação pela perspectiva de Emma e entendeu como a impossibilidade de falar a fez se sentir. Então Kate verbalizou uma frase de compreensão e as duas chegaram a um acordo de que, no futuro, Emma guardaria seus comentários e Kate garantiria um tempo para discussões. Uma frase de resolução seguida por uma frase de reconciliação encerrou a conversa num tom positivo.

2
Ações que dão mais força às frases poderosas

Você pode pensar que a comunicação envolve apenas palavras que são formuladas, mas há muito mais que isso em jogo. Suas ações não verbais expressam bem mais do que aquilo que você fala. Afinal, as palavras transmitem a mensagem, mas os atos demonstram os sentimentos e as emoções que estão por trás delas. A comunicação não verbal corresponde ao seu comportamento enquanto você fala e ouve. Se forem usados de modo eficaz, esses atos darão mais força às suas frases poderosas.

A comunicação não verbal é feita de linguagem corporal, expressões faciais, tom de voz e nível de assertividade. A linguagem corporal inclui sua posição, sua postura, os movimentos dos braços e das mãos e os gestos. Expressões faciais são os movimentos da boca, dos olhos e das sobrancelhas. O tom de voz, ainda que seja verbal por natureza, é considerado uma ação não verbal porque comunica aquilo que você está sentindo. A assertividade se manifesta quando você age de modo confiante e seguro. Ainda que você pense antes de falar e escolha as palavras com sabedoria, se suas ações não verbais não combinarem com a mensagem verbal, essa atitude pode confundir o interlocutor, que avaliará a mensagem com base mais em suas ações não verbais do que nas palavras que você disser.

Suas ações não verbais afetam o modo como as outras pessoas enxergam você. Essas ações podem aumentar sua capacidade de se relacionar e se comunicar bem com os colegas e o chefe ou criar um problema entre você e outra pessoa. Levar a rotina de trabalho no piloto automático pode fazer com que alguém enxergue você de modo negativo. Você pode cumprimentar seus colegas com uma expressão facial que projeta falta de interesse, por exemplo, ou não fazer contato visual quando fala com os outros, ou falar num tom um tanto entediado, ou nunca se posicionar ou se defender. É provável que seus colegas o mantenham à distância ou se aproveitem de você. Mas você pode aprender a usar ações não verbais em seu próprio benefício. Digamos que você mantenha sempre uma expressão facial amistosa, olhe nos olhos quando conversa, use um tom calmo e não ameaçador e fale de modo assertivo quando explica suas ações. Nesse caso, é provável que os outros o enxerguem como uma pessoa amistosa, aberta, confiante e segura.

Sempre que você se comunica, é importante que seus atos combinem com as palavras, em especial quando está resolvendo um problema. Enquanto lê este capítulo, treine as ações não verbais que você está aprendendo, de modo que se tornem naturais, e não forçadas. Quando você se apresenta bem por meio da linguagem corporal, das expressões faciais, do tom de voz e das ações assertivas, dá mais força à mensagem que está verbalizando. E, quando você estiver confortável combinando ações com palavras nas conversas regulares, achará mais fácil controlar as ações ao confrontar um colega de trabalho durante uma conversa para solucionar conflitos.

As ações não verbais também podem ajudar a determinar os sentimentos e as emoções das outras pessoas. Se você começa um diálogo para pôr fim a um atrito com um colega de trabalho dizendo *"Fiquei surpreso quando você levou o crédito pela criação de uma equipe de solução de problemas quando fui eu que lhe falei sobre a ideia"*, e seu colega responde dizendo "Desculpe. Eu fiz isso sem perceber", parece que ele está assumindo a responsabilidade. Mas se enquanto diz essas palavras ele tem uma expressão arrogante, gesticula como se não soubesse do que você está falando e usa um tom desrespeitoso, sua compreensão da mensagem muda completamente, não é?

Como você pode ver, as ações representam um papel importante em toda comunicação. Quanto mais você entender suas ações, mais será capaz de compreender as de outras pessoas. Isso permitirá que você se comunique de modo mais eficaz e estabeleça diálogos construtivos.

SOLUÇÃO DE CONFLITOS: O MODO ERRADO

Andrew e seu colega James vêm trabalhando num projeto para desenvolver um novo programa destinado a aumentar a receita de vendas do departamento. Eles foram encarregados de apresentar um relatório provisório ao vice-presidente de marketing na reunião de ontem. Andrew e James haviam passado muito tempo ensaiando a apresentação e decidiram que cada um falaria sobre diferentes aspectos fundamentais da proposta. James se ofereceu para começar e dar uma visão geral do projeto. Andrew esperou sua vez para apresentar os detalhes, mas James continuou falando e fez toda a apresentação. A perplexidade de Andrew se transformou em sentimentos de traição quando James assumiu a maior parte dos créditos pelo projeto, dizendo que Andrew havia ajudado e agradecendo a ele pela colaboração. Como não parecia profissional interromper James, Andrew ficou sentado o tempo todo num silêncio atônito. No fim da apresentação, estava enfurecido, mas conseguiu manter uma expressão facial neutra.

Depois da reunião, Andrew estava com tanta raiva que não conseguiu mais se conter. Procurou James e disse:

– Fiquei pasmo por você ter feito a apresentação inteira. Não foi assim que a gente ensaiou, e isso fez parecer que eu não tinha colaborado tanto quanto você (**frase com "eu"**).

Mas Andrew não tinha pensado em como controlaria as emoções. Falou num tom raivoso, cruzou os braços, e a expressão neutra que havia conseguido manter durante a reunião se transformou num olhar indignado.

James respondeu:

– Desculpe. Quando comecei, não pareceu adequado interromper a apresentação.

Andrew prestou atenção nas ações de James enquanto ele falava. James levantou as sobrancelhas, balançou a cabeça de modo casual, encolheu os ombros e olhou para além de Andrew, em vez de fazer contato visual. Seu tom era de quem não dava importância, o que deixou Andrew com mais raiva ainda. O fato é que James não estava nem um pouco arrependido; só disse aquelas palavras para apaziguar Andrew.

Andrew explodiu, sarcástico:

– Bom, quando chegar a hora de fazer a apresentação final, eu vou fazer. E vou me certificar de agradecer sua ajuda, como você agradeceu a minha.

James deu de ombros e disse:

– Ei, foi só uma apresentação provisória, não era grande coisa.

Andrew retrucou:

– Não era grande coisa? Espere só até a apresentação final. Então você poderá decidir se é grande coisa ou não.

POR QUE ISSO NÃO FUNCIONA

Andrew tinha o direito de ficar chateado quando James controlou a apresentação e reivindicou o crédito pelo projeto. E, apesar de saber como abordar James para evitar essa situação quando fizessem a apresentação final, mandou uma mensagem negativa ao iniciar a conversa cruzando os braços e usando um tom raivoso. Em consequência, James reagiu como se não desse importância. Ainda que as palavras corretas tenham sido ditas, as ações dos dois transmitiam seus sentimentos verdadeiros. Quando James considerou que a situação era banal, o tom de Andrew passou a ser sarcástico, e a conversa degringolou rapidamente até uma disputa depreciativa entre os colegas. A não ser que possam resolver esse conflito de modo mais produtivo, será bem difícil os dois trabalharem de modo coeso, completar o projeto e planejar a apresentação final.

> **ALGO PARA PENSAR**
>
> Quando planejar a conversa de solução de conflito, ensaie a fala inicial diante de um espelho para garantir que suas ações combinem com as frases poderosas. E é uma boa ideia se acalmar antes de abordar o colega.

LINGUAGEM CORPORAL

Sempre que estiver se comunicando é importante ter consciência da linguagem corporal, porque sua postura, seus movimentos e seus gestos mandam sinais muito claros ao interlocutor. O modo como você se mantém de pé ou sentado e o que faz com as mãos fornecem pistas do que está sentindo e pensando. Essas ações revelam até mesmo o que você pensa sobre si mesmo. Quer esteja em pé, sentado ereto ou largado na cadeira, você está mandando uma mensagem. Quer mexa as mãos ou as deixe cair naturalmente ao lado do corpo, você está mandando uma mensagem. E quer você use gestos comedidos para dar mais força à mensagem ou gesticule com exagero, você está mandando uma mensagem.

A linguagem corporal é afetada também pelo nível de conforto da pessoa quando se trata de proximidade e espaço. Sempre que alguém chega perto demais e começa a invadir nosso espaço, o desconforto aumenta instantaneamente. Assim que alguém entra em nosso espaço particular, nossa linguagem corporal comunica aquilo que estamos sentindo. Quando seu espaço for invadido, você vai recuar, distanciar-se do invasor e reivindicar o espaço antes de se sentir confortável para continuar a conversa. Assim, tenha sempre em mente o espaço do interlocutor. Se você notar que ele se inclina para trás ou se afasta enquanto você fala, é hora de recuar.

Em conversas casuais, a linguagem corporal deve ser fácil de controlar depois que você cria bons hábitos. Mas, quando suas emoções se intensificam, sua linguagem corporal fica mais exagerada. Você pode se mexer mais que o normal. Pode cruzar os braços num sinal de defesa. Pode apontar o dedo para a pessoa ou fazer gestos incoerentes. E pode entrar no espaço particular dela. É por isso que ensaiar as ações de linguagem corporal antes de iniciar uma conversa para solução de conflito vai ajudá-lo a ter consciência da imagem que está projetando.

Exemplos de linguagem corporal

Se você quer ser visto como uma pessoa confiante, competente, capaz, controlada e confortável em seu ambiente, desenvolva os seguintes hábitos:

- Mantenha as costas eretas quando estiver em pé ou sentado.
- Mantenha a cabeça erguida.
- Mantenha uma boa postura.
- Relaxe os ombros.
- Mantenha uma postura relaxada distribuindo o peso nos dois pés.
- Deixe as mãos caídas ao lado do corpo ou cruze-as na frente numa posição relaxada.
- Mantenha as mãos fora dos bolsos.
- Tente não ficar se mexendo.
- Use gestos controlados para dar mais força à sua mensagem, permitindo que eles fluam naturalmente.
- Mantenha-se a uma distância de 60 centímetros a um metro e meio da outra pessoa.

Lendo a linguagem corporal das outras pessoas

Fique atento aos seguintes sinais:

- Ombros caídos, o que pode sinalizar falta de confiança.
- Mãos que não param de se mexer, o que pode sinalizar nervosismo ou agitação.
- Mãos na cintura, o que pode ser sinal de impaciência ou agressividade.
- Braços cruzados, o que pode significar que a pessoa está na defensiva ou frustrada.
- Gestos desconexos, o que pode ser sinal de raiva, empolgação ou agitação.
- Corpo em recuo, o que significa que você está invadindo o espaço particular da pessoa.

Se você notar algum desses sinais, mantenha uma postura relaxada e permaneça calmo. Isso pode ajudar o interlocutor a se tranquilizar.

Incorporando a linguagem corporal

Mesmo estando com raiva, Andrew pensou no que desejava dizer a James. Sabia que era importante se apresentar de modo controlado, para que sua mensagem fosse entendida como ele pretendia.

Quando viu James, disse:

– *Fiquei pasmo por você ter feito a apresentação inteira. Não foi assim que a gente ensaiou, e isso fez parecer que eu não tinha colaborado tanto quanto você* (**frase com "eu"**).

Enquanto falava, Andrew manteve um comportamento confiante. Levantou a cabeça, deixou as mãos ao lado do corpo e não ficou se mexendo nem gesticulando.

> **ALGO PARA PENSAR**
>
> O toque é outro componente da linguagem corporal. Passar o braço em volta de uma pessoa, tocar o braço dela ou dar tapinhas nas costas pode reforçar a mensagem que você está mandando, mas também pode diminuir sua força. Certifique-se de que conhece o outro o suficiente para saber se o toque é bem-vindo. Caso contrário, mantenha as mãos junto ao corpo.

EXPRESSÕES FACIAIS

Seu rosto pode revelar instantaneamente o que você está sentindo, sobretudo se você estiver com raiva, chateado ou emocionado em relação a um contexto. As expressões faciais e os movimentos dos olhos e das sobrancelhas podem ser poderosas ferramentas de comunicação quando usadas para completar a mensagem que você está verbalizando. Mas, com frequência, as expressões faciais são reações automáticas àquilo que estamos sentindo. Quer estejamos felizes ou tristes, isso vai transparecer. E quando estamos zangados ou chateados, é natural projetar esses sentimentos contorcendo o rosto, franzindo as sobrancelhas, estreitando os olhos ou comprimindo os lábios. A boa notícia é que, com treino, você evitará que as emoções se revelem no rosto. Você pode desenvolver hábitos positivos e usar expressões faciais em vantagem própria, sem parecer uma pessoa inexpressiva. Ao contrário, pode parecer solícito, sincero, interessado e calmo. Quando você controla as expressões faciais, o ouvinte pode ficar mais aberto à mensagem que você está transmitindo. Convenhamos: ninguém quer ter uma conversa com um colega de trabalho raivoso.

Além de controlar as expressões faciais, aprenda a sorrir sempre. O sorriso é uma das mensagens de linguagem corporal mais positivas e animadoras que você pode transmitir, mesmo quando confronta alguém em relação a um problema. Um sorriso sincero mostra que você é uma pessoa aberta, disposta a ouvir o outro, interessada em conversar para esclarecer a situação. Se você não consegue sorrir diante de um cenário que o deixou chateado ou com raiva, a simples curvatura dos músculos da boca ligeiramente para cima projeta uma expressão agradável.

O contato visual é outro componente importante da expressão facial, embora possa ser um hábito difícil de desenvolver. Quando você começa um diálogo, deve se esforçar em olhar direto nos olhos do interlocutor. Depois mantenha um contato visual confortável, desviando os olhos e trazendo o foco de volta ocasionalmente, para não parecer que está encarando o outro demais. Junto com o contato visual, os movimentos das sobrancelhas podem aumentar ou diminuir a força de sua mensagem. Sobrancelhas levantadas transmitem interesse, entusiasmo, choque ou empolgação. Sobrancelhas franzidas podem sinalizar preocupação, confusão ou raiva. Use as sobrancelhas em proveito próprio, mas não exagere; caso contrário, a outra pessoa pode se concentrar mais no franzir ou levantar de suas sobrancelhas do que em escutar sua mensagem.

Exemplos de expressões faciais

Para incrementar as ações de linguagem corporal que você aprendeu, complete a imagem que você quer projetar tomando as seguintes atitudes:

- Acalme-se e mantenha uma expressão interessada e sincera, em vez de um rosto raivoso, se você estiver zangado ou chateado.
- Mantenha a cabeça erguida em vez de baixá-la ou incliná-la para o lado.
- Sorria quando for apropriado.
- Incline os cantos da boca ligeiramente para cima, transmitindo um ar amistoso quando quiser manter uma expressão neutra.
- Mantenha contato visual, mas não a ponto de parecer que está encarando o interlocutor. Afaste o olhar ocasionalmente.
- Use as sobrancelhas de vez em quando para dar mais força à mensagem. Levante-as para demonstrar interesse ou empolgação. Franza-as para demonstrar preocupação ou confusão.
- Balance a cabeça de vez em quando para mostrar que está ouvindo atentamente.

Lendo as expressões faciais das outras pessoas

Esteja atento às seguintes expressões faciais que revelam pistas sobre o estado emocional de alguém:

- Baixar a cabeça e olhar para baixo, o que pode significar que a pessoa está com vergonha ou tenta evitar você.
- Inclinar a cabeça para o lado, o que pode sinalizar confusão ou questionamento daquilo que você está dizendo.
- Franzir os lábios ou curvar a boca para baixo, o que pode ser um sinal de raiva, desconfiança ou tristeza.
- Olhar para longe de você, para baixo ou para cima, o que pode sinalizar incômodo, culpa, desconfiança ou desonestidade.
- Piscar com frequência, o que costuma ser sinal de desconforto ou perturbação.
- Franzir as sobrancelhas, o que pode sinalizar raiva, agitação ou confusão.
- Levantar as sobrancelhas, o que pode sinalizar entusiasmo, surpresa, perplexidade ou incredulidade.

Incorporando expressões faciais

Quando Andrew viu James, disse:

– *Fiquei pasmo por você ter feito a apresentação inteira. Não foi assim que a gente ensaiou, e isso fez parecer que eu não tinha colaborado tanto quanto você* (**frase com "eu"**).

Enquanto falava, ele manteve a cabeça erguida, boa postura, deixou as mãos ao lado do corpo e não ficou se remexendo nem gesticulando. Fez contato visual com James, manteve a expressão facial interessada e sorriu ligeiramente para demonstrar sinceridade.

TOM DE VOZ

O tom de voz é considerado uma ação não verbal, porque o modo como você diz algo é mais importante do que aquilo que está dizendo. Se você abre uma conversa usando uma frase com "eu", como *"Eu preciso falar uma coisa com você"*, o significado será entendido pelo seu tom, que revela como você se sente. É importante que o tom de voz transmita a mensagem certa. Assim, quando começar uma conversa de solução de conflito dizendo *"Eu preciso falar uma coisa com você"*, a melhor aposta para receber uma reação positiva é falar num tom neutro ou interessado.

Além do tom, sua mensagem é afetada pelo volume e pela velocidade com que você fala. Se você está tentando permanecer calmo quando se sente chateado com alguma coisa, falar baixo e devagar vai ajudá-lo a se tranquilizar. Além disso, os sons que faz quando ouve podem mostrar se você entende, concorda ou se está confuso com a mensagem. Quando você diz "ah", "hum", "é" ou "hein?", isso sinaliza se está confuso ou não concorda com o que ouve.

ALGO PARA PENSAR

Algumas pessoas desenvolvem o hábito de terminar cada frase aumentando o tom de voz, como se estivessem fazendo uma pergunta. Se você faz isso, corte esse hábito. Ele não serve para nada.

Exemplos de tons de voz

Para se comunicar de modo eficaz, é importante combinar o tom da voz com as emoções e também controlar o tom quando estiver solucionando conflitos. Por exemplo:

- Ao começar a conversa, fale num tom que pareça profissional e não ameaçador.
- Use seu tom de voz durante todo o diálogo para dar força à mensagem e demonstrar atenção e empatia.
- Se perceber que seu tom reflete que você está chateado ou confuso com a situação, tente demonstrar que está interessado em trabalhar junto com o outro para chegar a uma solução.

Lendo o tom de voz das outras pessoas

Ouça como o outro está falando, para captar pistas sobre as emoções dele.

- Se a pessoa parecer zangada, fale baixo e com calma.
- Se a pessoa parecer confusa, forneça mais detalhes para explicar sua posição.
- Se a pessoa parecer que sente culpa ou está sem graça, sorria com simpatia para aliviar o desconforto dela.
- Se a pessoa parecer não dar importância, fale em tom interessado e diga por que está se sentindo desse modo.
- Se a pessoa estiver falando depressa ou alto demais, controle sua voz falando devagar e baixo, já que isso pode ajudá-la a se acalmar.

Incorporando ações de tom de voz

Quando Andrew viu James, disse:
– *Fiquei pasmo por você ter feito a apresentação inteira. Não foi assim que a gente combinou, e isso fez parecer que eu não tinha colaborado tanto quanto você* **(frase com "eu")**.

Enquanto falava, ele manteve a cabeça erguida, boa postura,

as mãos ao lado do corpo e não ficou se mexendo nem gesticulando. Fez contato visual com James, manteve a expressão facial atenta, sorriu ligeiramente para mostrar sinceridade. Começou a conversa falando num tom neutro, mas mudou para um tom interessado ao dizer que não era assim que haviam combinado a apresentação.

ASSERTIVIDADE

É um estado de espírito que se projeta como confiança e segurança. Ainda que às vezes seja confundida com agressividade, existe uma diferença nítida entre as duas coisas. Assertividade significa dizer o que você está pensando, escolhendo com cuidado as palavras, combinando suas ações com o que está dizendo, respeitando a outra pessoa. Agressividade significa dizer o que lhe vem à mente, sem se preocupar com a forma como está falando nem com os sinais não verbais que está passando. Se você agir agressivamente, parecerá raivoso, arrogante, autoritário ou egoísta. Assim, quando quiser solucionar um conflito, projete assertividade agindo com confiança e segurança. É mais provável que a outra pessoa ouça você.

A assertividade é uma habilidade importante a ser desenvolvida, pois mostra que você se interessa o suficiente para se posicionar de modo construtivo e respeitoso. No entanto, a maioria das pessoas não nasceu assertiva; essa é uma habilidade aprendida. Para ganhar confiança ao abordar alguém, aprenda a analisar a situação antes de falar, a enxergar o cenário pela perspectiva do outro, a planejar como quer se apresentar. Para ser assertivo, você precisa falar e agir de modo confiante. Quando você treina isso, seu nível de bem-estar cresce até que a assertividade se torna parte de sua personalidade.

ALGO PARA PENSAR

Preste atenção nas pessoas assertivas ao seu redor. Observe como se apresentam e aprenda as técnicas positivas que ajudarão você a se tornar mais seguro e confiante.

Exemplos de assertividade

A assertividade é refletida pelas seguintes ações:

- Falar com confiança.
- Expressar seus pontos de vista com clareza.
- Falar objetivamente.
- Permanecer calmo.
- Controlar as emoções quando está explicando sua posição.
- Não pedir mais desculpas que o necessário.
- Recusar-se a recuar ou permitir que alguém o agrida verbalmente.
- Demonstrar respeito e consideração pela outra pessoa.

Lendo o nível de assertividade das outras pessoas

Saber ler o nível de assertividade de alguém aumentará sua capacidade de resolver um problema.

- Se a pessoa recuar imediatamente, demonstre compaixão. Tente puxá-la de volta para a conversa de modo a trabalhar para uma solução em que todos saiam vitoriosos. Jamais se aproveite de alguém que não seja assertivo.
- Se a pessoa ficar zangada ou se mostrar agressiva, mantenha

a calma. Fale com voz baixa e controlada. Pode ser útil abordar a emoção dela dizendo algo como: "Sei que você está com raiva por causa disso. Vamos conversar e encontrar uma solução que sirva para nós dois." Mantendo a calma e falando baixo você ajudará o outro a se acalmar.

Incorporando a assertividade

Quando viu James, Andrew disse:
– *Fiquei pasmo por você ter feito a apresentação inteira. Não foi assim que a gente combinou, e isso fez parecer que eu não tinha colaborado tanto quanto você* (**frase com "eu"**).

Enquanto falava, ele manteve a cabeça erguida, boa postura, as mãos ao lado do corpo e não ficou se mexendo nem gesticulando. Fez contato visual com James, manteve a expressão facial atenta e sorriu ligeiramente para mostrar sinceridade. Começou a conversa falando de modo confiante e assertivo usando um tom neutro, mas mudou para um tom preocupado ao dizer que não era assim que haviam combinado a apresentação.

SOLUÇÃO DE CONFLITOS: O MODO CERTO

Andrew e seu colega James vêm trabalhando num projeto para desenvolver um novo programa destinado a aumentar a receita de vendas do departamento. Eles foram encarregados de apresentar um relatório provisório ao vice-presidente de marketing na reunião de ontem. Andrew e James haviam passado muito tempo ensaiando a apresentação e decidiram que cada um falaria sobre diferentes aspectos fundamentais da proposta. James se ofereceu para começar e dar uma visão geral do projeto. Andrew esperou sua vez para apresentar os detalhes, mas James continuou falando e fez toda a apresentação. A perplexidade de Andrew se transformou em sentimentos de traição quando James assumiu a maior parte dos créditos pelo projeto, dizendo que Andrew havia ajudado e agradecendo a ele pela colaboração. Como não parecia profissional interromper James, Andrew ficou sentado o tempo todo num silêncio atônito. No fim da apresentação, ele estava contrariado, mas conseguiu manter uma expressão facial neutra.

Quando viu James, Andrew disse:

– *Fiquei pasmo por você ter feito a apresentação inteira. Não foi assim que a gente ensaiou, e isso fez parecer que eu não tinha colaborado tanto quanto você* (**frase com "eu"**).

Enquanto falava, ele manteve a cabeça erguida, boa postura, as mãos ao lado do corpo e não ficou se mexendo nem gesticulando. Fez contato visual com James, manteve a expressão facial atenta, sorriu ligeiramente para mostrar sinceridade. Começou a conversa falando de modo confiante e assertivo usando um tom neutro, mas mudou para um tom preocupado ao dizer que não era assim que haviam combinado a apresentação.

James respondeu:

– Desculpe. Quando comecei, não pareceu adequado interromper a apresentação.

Andrew prestou atenção nas ações de James enquanto ele falava. James levantou as sobrancelhas, balançou a cabeça de modo casual, encolheu os ombros e olhou para além de Andrew, em vez de fazer contato visual, e usou um tom de desdém. James não estava nem um pouco arrependido, só disse aquelas palavras para apaziguar Andrew.

Andrew havia pensado que James poderia reagir desse modo, mas não recuou nem perdeu a confiança. Manteve a postura relaxada, continuou fazendo contato visual e disse em tom interessado:

– *Entendo que durante a apresentação você pode ter se sentido assim* (**compreensão**). Mas, como nós dois colaboramos igualmente em todo o projeto, *eu gostaria de ter podido participar da apresentação* (**frase com "eu"**).

Andrew fez uma pausa para dar a James a chance de responder, ainda prestando atenção nas suas ações não verbais.

James cruzou os braços e olhou para baixo. Encolheu os ombros e respondeu:

– Bom, o que posso dizer? O que está feito está feito.

Andrew ficou consternado porque James não parecia entender como ele havia se sentido durante a apresentação, mas era importante que resolvessem o problema.

– *É, você está certo, o que está feito está feito. Mas eu gostaria de conversar sobre isso, para concordarmos sobre como fazer a próxima apresentação* (**ajuste**).

James relaxou a postura, baixando as mãos ao lado do corpo.

– Claro.

Então, Andrew reiterou:

– *Espero que você possa enxergar isso pelo meu ponto de vista. Digamos que eu tivesse começado a apresentação e, quando fosse sua vez de falar, eu continuasse fazendo a apresentação inteira. Quando você fez isso comigo, eu me senti desvalorizado* (**frase com "eu"**).

James franziu as sobrancelhas e assentiu.

– Está certo. Eu não gostaria se fizessem isso comigo. Ei, cara, me desculpe. Acho que fui dominado pela empolgação de todo o trabalho que a gente fez.

– *Entendo que isso possa acontecer* (**compreensão**). *Na próxima apresentação, eu gostaria de falar primeiro. E prometo que vou entregar a palavra a você quando chegar a sua vez. Que tal?* (**ajuste**)

– Concordo. E eu não o culparia se você decidisse fazer a apresentação por completo. – E riu. Andrew deu um sorriso caloroso.

– Não, trato é trato. Eu vou falar primeiro, mas cada um de nós vai apresentar uma parte. – Os dois apertaram as mãos e Andrew acrescentou: – *Fico feliz por termos conversado sobre isso* (**resolução**).

James assentiu e sorriu.

Andrew acrescentou:

– *Nós trabalhamos tão bem até hoje que eu não gostaria que nada provocasse um desentendimento entre a gente* (**reconciliação**).

POR QUE ISSO FUNCIONA

Ao pensar em como confrontaria James, Andrew avaliou suas ações. Sabia que James era cabeça-dura e não assumiria a responsabilidade pelo que havia feito, por isso Andrew queria falar e agir de modo assertivo. Enquanto cogitava o que desejava dizer, ensaiou a linguagem corporal e as expressões faciais. Queria parecer relaxado mas confiante, sem perder o contato visual.

Como prestou atenção, Andrew percebeu que, assim que a conversa teve início, James assumiu uma postura defensiva. Quando James deu de ombros e respondeu "O que está feito está feito", Andrew não recuou. Em vez disso, reagiu assertivamente com uma frase de ajuste. Então, os dois puderam continuar o diálogo de maneira construtiva, com Andrew assumindo a dianteira e oferecendo frases de ajuste, resolução e reconciliação. Como Andrew foi assertivo e usou suas ações não verbais para dar mais força à mensagem, os dois puderam chegar a um acordo, e é provável que ele e James possam planejar a próxima apresentação sem mais desavenças.

SEGUNDA PARTE

**Solução eficaz
de conflitos =
relações profissionais
mais fortes**

3

Cinco passos para a solução efetiva de conflitos

As pessoas nem sempre se entendem bem. Atritos acontecem. O modo como você lida com as discórdias é que pode reforçar os relacionamentos, afetá-los negativamente ou rompê-los por completo. Quando duas ou mais pessoas discordam, o problema deve ser abordado antes que fuja do controle. É importante observar que o conflito é um componente natural de qualquer relacionamento; assim, enxergar cada divergência como uma oportunidade de fazer a relação crescer e se fortalecer ajudará você a buscar maneiras bem-sucedidas de resolver o problema. Isso é feito comunicando-se abertamente, entendendo o ponto de vista do outro e trabalhando para uma solução que seja boa para todas as partes. Um bom debate esclarece as confusões, canaliza a energia positiva, aumenta a confiança, ajuda as pessoas a ir em frente e, em última instância, reforça os laços.

Manter fortes conexões profissionais pode ser fácil quando tudo corre bem, mas o que acontece quando surge uma dificuldade? Os conflitos tendem a corroer até mesmo os relacionamentos mais íntimos, e eles afloram quando alguém se sente menosprezado, deixado de fora ou tratado com injustiça. Entre as causas podem estar a comunicação ruim, um mal-entendido, a ocorrência de muitas mudanças, uma discordância entre pessoas ou um embate de personalidades. Os conflitos também são comuns em equipes altamente produtivas, em que as pessoas são criativas e passionais em relação ao próprio trabalho. Sempre que os membros de um time encaram uma situação a partir de perspectivas diferentes, podem surgir choques de opinião.

Mas nem todos os conflitos são ruins. Sem eles, as pessoas podem ficar entediadas, complacentes ou estagnadas. Quando cada desavença for vista como uma oportunidade de desenvolvimento, você passará a encará-las de uma forma mais leve e produtiva. A solução eficaz de conflitos coloca as pessoas de volta nos trilhos, abre a porta para processos criativos e pavimenta o caminho para a comunicação aberta, honesta e competente.

Quando você permanece vigilante e atento aos problemas, pode trabalhar para resolver as questões enquanto ainda são administráveis. Torne-se um observador e comunicador ativo. Permaneça envolvido e procure por coisas que pareçam irregulares. Perceba os colegas que se tornam subitamente negativos, silenciosos, agitados ou perturbados, já que esses costumam ser sinais de conflito. Esteja atento a indícios de que você e seu chefe não estão se comunicando de modo inteligente. Ainda que você não perceba algum atrito, pergunte o que está acontecendo se notar que um colega ou seu chefe vem agindo de modo esquisito.

Para cada problema, alguém precisa assumir a responsabilidade e trabalhar de maneira a encontrar uma saída. Se estiver nessa situação, quer o problema seja entre você e outra pessoa, quer você seja responsável por mediar o conflito, existe outro elemento para a solução de impasses: o fator temporal. Assim que você toma consciência de um desentendimento, não pode se dar ao luxo de esperar para ver qual resultado terá.

É essencial permanecer calmo e no controle ao lidar com conflitos. Se a questão não envolve você diretamente, é mais fácil permanecer tranquilo. Mas o que acontece quando você está no olho do furacão? Embora seja bem mais difícil, é fundamental manter o autocontrole e a objetividade. Se você não conseguir permanecer calmo, respire fundo algumas vezes para ajudar a reduzir os batimentos cardíacos. Melhor ainda: tenha como regra parar para pensar numa situação e se tranquilizar antes de entrar num embate. Sempre que tiver dificuldade para controlar as emoções durante uma desavença, deixe para discutir o assunto num momento mais oportuno. É melhor se afastar do que perder a cabeça.

O fato é que você pode lidar de modo eficaz com o conflito quando tira um tempo para aprender e praticar o processo de cinco passos apresentado neste capítulo. A princípio, é mais provável que você se sinta desconfortável ao enfrentar uma discordância. Você vai tropeçar e cometer erros. Mas, quando perceber que essas habilidades dão resultados positivos, você se sentirá mais livre para lidar com um desacordo pontual com algum colega de trabalho ou solucionar um problema importante que afete um grupo de pessoas. À medida que você ficar mais à vontade, sua confiança crescerá. À medida que sua confiança crescer, seus colegas e seu chefe verão que você é uma pessoa de ação que busca soluções e procura os melhores resultados.

SOLUÇÃO DE CONFLITOS: O MODO ERRADO

Dave e seus colegas de trabalho, Tanya, Chad e Angela, formam uma equipe coesa e unida. No passado, sempre que surgia um problema, eles conseguiam solucioná-lo. Mas então Diana, a chefe de Dave, pediu que ele a substituísse como líder da equipe enquanto ela estivesse fora, em licença-maternidade. Apesar de ser o membro mais novo da equipe, Dave sentiu orgulho por ser o escolhido. Acreditava que a decisão dela se baseava em sua demonstração de fortes habilidades de liderança, seu conhecimento do trabalho e seu papel como a pessoa a ser procurada nas questões da equipe.

Assim que a chefe fez o anúncio, Dave notou uma mudança sutil nos colegas. Durante a reunião, Tanya baixou os olhos e não disse nada. A expressão facial de Chad ficou séria e, enquanto ele assentia devagar, olhou para Angela, que levantou as sobrancelhas e não pareceu muito feliz. Depois da reunião, Dave observou os colegas conversando em rodinhas. Quando se aproximou, eles ficaram quietos. Dave percebeu que estavam chateados porque ele tinha sido escolhido. Ficou magoado porque os colegas não se sentiam felizes por ele, mas, como sempre haviam trabalhado bem juntos, presumiu que superariam qualquer sentimento negativo.

Mas isso não aconteceu. Depois de uma semana, seus colegas mal o cumprimentavam. Quando Dave pediu a Chad que assumisse um projeto em que ele estivera trabalhando, Chad pegou a papelada e jogou em sua mesa. Dave não sabia o que pensar dessa reação intempestiva, por isso disse:

– Ei, Chad, se for demais para você, dou um jeito de fazer.

Chad encolheu os ombros e não disse nada, por isso Dave pegou o projeto de volta. Achou que todo mundo estava chateado por ter que fazer um trabalho extra. Mesmo sabendo que seria difícil, não queria provocar marolas, por isso prometeu cuidar da sua cota de trabalho, além da de Diana. Não estava feliz vendo a animosidade dos colegas, mas também não queria dizer nada que pudesse chateá-los ainda mais.

POR QUE ISSO NÃO FUNCIONA

Quando Dave se aproximou dos colegas que estavam conversando, soube que havia alguma coisa errada. Usou a abordagem equivocada ao não lidar diretamente com o problema e esperar que as coisas se resolvessem com o tempo. Lembre-se de que não enfrentar qualquer tipo de conflito não fará o impasse sumir. Ao contrário, fará o atrito infeccionar e crescer. Depois da primeira semana em que os colegas mal se mostravam civilizados com ele, Dave deveria ter colocado os pingos nos is. Sua decisão de fazer seu trabalho, além de cuidar das responsabilidades de Diana, trouxe uma sobrecarga desnecessária para ele e o fez parecer fraco diante dos colegas. Como antes a equipe era coesa, conversar sobre o incômodo teria sido muito mais benéfico.

PRIMEIRO PASSO: PENSE ANTES

Quando você está atolado numa discórdia, pode ser difícil parar por um tempo e raciocinar sobre o que está errado, mas esse pensamento é essencial para ajudar a enxergar a questão de modo objetivo. Quando você mantém a objetividade, pode explorar outras perspectivas e, ao fazer isso, até mudar o seu ponto de vista. E por quê? Porque você mantém o foco no problema, e não na pessoa. Antes de presumir que alguém fez algo de propósito ou está querendo derrubá-lo, recue um passo, controle as emoções e examine a situação a partir de todos os ângulos. Essa atitude pode ajudar a entender as intenções do outro. Mesmo que você não possa explicar por que a pessoa agiu daquele modo, parar por um tempo a fim de se acalmar e refletir colocará você numa posição mais cômoda para enfrentar a desavença.

Você pode ser puxado para situações em que não está envolvido de fato no conflito, mas lhe pedem para escolher um dos lados. Você pode cair na armadilha de se posicionar a favor de uma pessoa e se tornar emocionalmente envolvido, ainda mais se for um amigo ou um colega de trabalho muito próximo. Mesmo que se sinta compelido a concordar com o amigo, tente não tomar partido. Pare para pensar no contexto antes de agir. Não presuma que a outra pessoa é culpada. Mantenha a objetividade e ajude o colega a se acalmar e pensar na situação a partir de todas as perspectivas. Quando você faz isso de modo consistente, os outros o enxergam como alguém que não tira conclusões precipitadas e é capaz de abordar os desentendimentos de modo objetivo, em vez de julgar.

Pontos fundamentais

Treine os seguintes pontos para pensar de modo mais claro:

- Jamais aja ou fale antes de pensar.
- Pare por um tempo para se acalmar e controlar as emoções.
- Examine a situação a partir de todas as perspectivas.
- Permaneça objetivo enquanto pensa no conflito.
- Mantenha o foco no problema, e não na pessoa.
- Pense em como será a conversa e em como seriam as respostas prováveis.
- Evite tomar partido quando estiver diante de problemas dos outros.
- Tente ajudar a outra pessoa a encarar a situação de modo objetivo, em vez de fazer julgamentos.

Parando para pensar num conflito

Dave e seus colegas de trabalho, Tanya, Chad e Angela, formam uma equipe coesa e unida. No passado, sempre que surgia um problema, eles conseguiam solucioná-lo. Mas então Diana, a chefe de Dave, pediu que ele a substituísse como líder da equipe enquanto ela estivesse fora, em licença-maternidade. Apesar de ser o membro mais novo da equipe, Dave sentiu orgulho por ser o escolhido. Acreditava que a decisão dela se baseava em sua demonstração de fortes habilidades de liderança, seu conhecimento do trabalho e seu papel como a pessoa a ser procurada nas questões da equipe.

Assim que a chefe fez o anúncio, Dave notou uma mudança sutil nos colegas. Durante a reunião, Tanya baixou os olhos e não disse nada. A expressão facial de Chad ficou séria e, enquanto ele assentia devagar, olhou para Angela, que levantou as sobrancelhas e não pareceu muito feliz. Depois da reunião, Dave observou os colegas conversando em rodinhas. Quando se aproximou, eles ficaram quietos. Dave percebeu que estavam chateados porque ele tinha sido escolhido. Ficou magoado porque os colegas não se sentiam felizes por ele, mas sabia que, se quisesse que a equipe continuasse a atuar de modo eficiente, precisava conversar com cada um deles e solucionar o impasse antes que fugisse ao controle.

Primeiro Dave pensou em como agir, avaliando a personalidade de cada um dos integrantes da equipe e como reagiriam. Manteve a objetividade enquanto pensava em cenários possíveis. Depois planejou como iniciar a conversa e como trabalhar no processo para pôr fim ao conflito.

SEGUNDO PASSO: PROCURE COMPREENDER MELHOR

Depois de conter as emoções e olhar a situação pelo ponto de vista da outra pessoa, você pode ter uma compreensão melhor do que provocou o atrito e decidir que não é um problema, afinal de contas. Se não for o caso, antes de chegar a conclusões ou tomar atitudes mais drásticas, você precisa conversar com o outro sobre o porquê de entrar nessa rota de colisão. Isso deve aumentar a compreensão sobre as intenções de seu interlocutor. Quando aborda a questão fazendo perguntas para descobrir fatos adicionais, você fica numa posição melhor para decidir como levar a conversa adiante.

Se você é o encarregado de resolver o conflito entre outras pessoas, a melhor abordagem é reunir as partes envolvidas e permitir que cada uma conte sua versão da história. Encoraje todos a usar frases com "eu", como por exemplo: *Eu percebi..., Eu senti...*, ou *Pelo meu ponto de vista...* Isso mantém a discussão numa base sem julgamentos, e os participantes não terão necessidade de ficar na defensiva.

Mesmo assim, as pessoas ainda podem se mostrar inseguras ou emotivas ao falar sobre o conflito. Se isso acontecer, preste atenção nas pistas não verbais e na mensagem transmitida. A pessoa está magoada, com raiva ou envergonhada? Qual é a mensagem por trás das palavras? Mantenha contato visual e demonstre interesse por meio de expressões faciais, mas não franza a testa, não ria nem aja como se não desse importância ao que ela diz, nem mande mensagens inadequadas. Antes de responder, permita que a pessoa desabafe e tente não interromper. Ouça com respeito, já que essa atitude ajuda quem está com raiva a se acalmar. Não importa quanto o outro esteja agitado quando for sua vez de responder, seja paciente, mantenha-se calmo e permaneça no controle de suas emoções.

Se a qualquer momento alguém der demonstrações de que está perdendo o equilíbrio, mantenha a compostura e fale em voz baixa e calma. Garanta à pessoa que você só está tentando entender melhor o que ela quer transmitir. Concentre-se no comportamento e garanta que seu desejo é resolver o impasse. Diga algo como: *"Estou tentando descobrir por que isso aconteceu, de modo a resolvermos o problema. Dá para ver que você está ficando chateado. Por que não tiramos alguns minutos para nos acalmar e depois abordamos a questão de novo? Vamos até a sala de descanso tomar um café."*

> **ALGO PARA PENSAR**
>
> O timing é fundamental. Antes de entrar numa discussão, certifique-se de que o momento é apropriado. Se não for, marque uma hora em que todos possam se reunir. Você pode adiar uma reunião se as pessoas estiverem agitadas. E, quando se encontrarem, escolha um local privado.

Pontos fundamentais

Treine os seguintes pontos quando estiver buscando uma compreensão melhor:

- Converse antes de tirar conclusões.
- Questione a outra pessoa de modo objetivo e respeitoso.
- Ouça a resposta com atenção para compreender como o outro enxerga o problema.
- Reúna todas as pessoas envolvidas e permita que cada uma conte sua versão da história.
- Encoraje todos a usar frases com "eu" ao dar explicações.
- Preste atenção nas pistas não verbais que estão por trás da mensagem caso alguém fique emotivo.
- Ouça com atenção e evite interromper a fala dos outros.
- Controle as emoções quando for a sua vez de responder.
- Reconheça que alguém possa estar chateado ou prestes a perder o controle das emoções e tente tranquilizá-lo. Adie a discussão até que a pessoa tenha tempo de se acalmar.

Compreendendo melhor a situação

Dave disse que queria conversar e chamou a equipe para a sala de reuniões. Começou afirmando:

– Quando a Diana anunciou que eu iria assumir a liderança da equipe, *eu senti que vocês ficaram incomodados com a decisão, e acho que precisamos conversar sobre isso, para não perdermos a coesão que desenvolvemos como equipe* (**frase com "eu", ajuste**).

– É importante sermos honestos uns com os outros. Assim, gostaria que todo mundo dissesse, com sinceridade, como se sente em relação ao fato de eu ser o líder da equipe.

Como ninguém disse nada, Dave propôs:

– Chad, você pode começar? Diga o que sentiu quando a Diana fez o anúncio.

Chad se remexeu desconfortável na cadeira e respondeu:

– Apesar de você ser o membro mais novo da equipe, entendo por que a Diana o escolheu. O que me incomodou foi que não é justo nós três termos que fazer nosso trabalho além do seu.

Dave assentiu.

– *Entendo* (**compreensão**). Angela?

– A princípio, uma parte de mim sentiu que a escolha deveria ser por antiguidade. A Tanya é quem está aqui há mais tempo. Mas não foi isso que me incomodou mais. Concordo com o Chad. Já estamos todos atolados de serviço. Como podemos assumir mais trabalho ainda?

Dave se virou para Tanya.

– Você concorda com isso?

– Não concordo que por estar aqui há mais tempo eu deveria ser escolhida – respondeu Tanya. – Acho que a Diana estava certa quando escolheu você, porque você é o membro mais forte da nossa equipe. O que me incomodou foi exatamente o que o

Chad e a Angela disseram. Como três pessoas fariam o trabalho que deveria ser dividido por quatro?

TERCEIRO PASSO: DEFINA O PROBLEMA

Quando todas as partes envolvidas expressarem seus pontos de vista e você achar que os compreende bem, será capaz de definir o atrito de modo assertivo declarando como enxerga a questão. Definir o impasse implica dizer: "É assim que eu vejo a coisa..." e depois dar aos outros a oportunidade de expressar como eles a veem. Ao reconhecer a perspectiva de todos de modo objetivo, você demonstra que respeita a opinião deles. Você conseguirá esclarecer qualquer mal-entendido e garantirá que todo o grupo tenha a oportunidade de se expressar e concordar com a definição do problema. Se você descobrir que alguém não se manifestou, encoraje-o ao dizer: "O que você acha disso?"

É necessário definir a discordância antes de encontrar uma solução consensual. Depois de recapitular a opinião do grupo, verifique se alguém está confuso ou discorda do que você está dizendo. Se necessário, recue e deixe que essa pessoa apresente seu ponto de vista outra vez, para que não restem dúvidas. O importante é garantir que você tenha as informações de todos e defina o entrave antes de dar o próximo passo.

Pontos fundamentais

Treine os seguintes pontos ao identificar o problema:

- Exponha de novo a desavença segundo seu ponto de vista quando achar que tem informações suficientes. Depois pergunte aos outros como a enxergam.

- Diga algo como: "Eu vejo do seguinte modo. [...] Como vocês veem?"
- Procure uma solução que possa ser trabalhada, mas antes disso todo o grupo deve concordar com a definição do atrito.

Definindo o problema para esclarecer os pontos de vista

Dave parou por um momento para planejar sua resposta. Depois disse:

– Obrigado pelo que disseram. Agradeço por apoiarem o fato de eu ser o líder da equipe. Entendo a preocupação de vocês sobre como fazer o trabalho. É assim que todos enxergam a situação?

Ele prestou atenção nos sinais não verbais da equipe enquanto cada um assentia, concordando. Agora que Dave havia definido o problema, eles pareciam um pouco mais relaxados.

– *Entendo a posição de vocês* (**compreensão**). Garanto que já pensei nisso e também fico preocupado. Tenho certeza de que vamos resolver a questão de modo que todos possamos trabalhar juntos. Em última instância, quando a Diana voltar da licença-maternidade, quero que ela veja que somos a mesma equipe unida de sempre.

QUARTO PASSO: OFEREÇA A MELHOR SOLUÇÃO

Você começou a discussão pensando no cenário, para manter a mente aberta e fazer uma abordagem objetiva. Fez perguntas, ouviu respostas, reagiu de modo adequado num esforço para entender melhor a questão. Definiu o problema declarando o ponto de vista de todos e obtendo a concordância das partes envolvidas em relação ao modo como enxergam a situação. Agora é hora de trabalhar rumo a um consenso. Comece oferecendo sua melhor solução e depois deixe que os outros concordem ou apontem uma alternativa. Certifique-se de se manter flexível e cooperativo caso alguém discorde da saída que você propôs. Encoraje a colaboração de todos os envolvidos. Quando as pessoas estão dispostas a cooperar, você fica diante de um modo produtivo de cessar o conflito; caso contrário, o problema poderá explodir no futuro.

Ao apresentar uma resposta àquilo que aflige o grupo, encoraje que cada um possa se manifestar e mantenha o foco no propósito da reunião: encontrar a melhor solução que seja aceitável por todos. Não é o momento de decidir quem está certo e quem está errado. Pode ser útil dizer: "Vamos respeitar o ponto de vista de todos. É importante permanecermos flexíveis, cooperarmos e sermos capazes de alcançar um meio-termo." Se você achar que a discussão começa a tomar o rumo da culpabilização, interrompa educadamente e diga, com firmeza, que o objetivo não é determinar a responsabilidade deste ou daquele, e sim encontrar uma solução com a qual todos estejam de acordo. Depois de ouvir o que todos têm a dizer, analise as consequências de cada proposta com objetividade. Isso manterá o grupo concentrado no problema imediato e a discussão voltada para um desfecho favorável.

Tenha em mente que a maioria dos conflitos envolverá você e uma outra pessoa, e não um grupo. Assim, ofereça a melhor solução e pergunte se o outro concorda. Se ele discordar, encoraje-o a apresentar outra ideia e esteja preparado para discutir qual é a melhor entre as duas.

Durante esse passo, respeite as diferenças e os pontos de vista divergentes. Tente encontrar algo com que vocês concordem, para favorecer o bom entendimento. Preste atenção nas pistas não verbais, que podem ajudar na compreensão do que a outra pessoa pretende obter com a discussão. Se não houver consenso, esteja preparado para ceder um pouco, oferecendo um ajuste. Quando você se predispõe a encontrar um meio-termo, o interlocutor se mostra mais aberto a fazer alguma concessão, o que ajudará vocês a continuar negociando em direção a um resultado favorável para ambos.

Se o seu papel for intermediar a discussão e orientar os outros a chegar a um acordo, mantenha a objetividade, mas entenda que você pode se ver enredado nas emoções de quem discute. Quando for apenas ouvinte, incorpore palavras positivas aos comentários, como "Parece que isso funciona", "Dá para ver que todos vocês estão se esforçando para encontrar uma solução" ou "Fico feliz por você ter dito isso", o que manterá o debate produtivo. Quando você encoraja as pessoas a fazer parte da solução, elas se sentem mais engajadas e comprometidas a trabalhar para um resultado favorável.

Pode haver ocasiões em que você precise interromper uma reunião que trata de um atrito para dar a todos os envolvidos a chance de pensar no que é melhor. Se os ânimos se exaltarem, ou se as pessoas não estiverem dispostas a encontrar um ajuste, dê tempo para que se acalmem e suspenda a reunião por um curto período. Diga que gostaria de marcar outro encontro em outra hora e que, nesse ínterim, todos deveriam pensar objetivamente na saída mais efetiva. Se, depois da nova reunião, continuar sendo impossível encontrar um ponto final razoável a todos, talvez você precise envolver seu chefe ou alguém capaz de mediar tantas ideias díspares para tomar uma decisão satisfatória.

> **ALGO PARA PENSAR**
>
> Se você é responsável por intermediar uma reunião para pôr fim a um conflito, pode ser útil estabelecer uma regra básica: nada de ataques pessoais, nada de colocar o outro contra a parede, nada de insultos, o que mostra a todos que você está concentrado em solucionar o impasse.

Pontos fundamentais

Treine os seguintes pontos ao oferecer sua melhor solução:

- Pergunte se todos concordam ao apresentar sua melhor saída para a desavença.
- Dê o passo final caso todos concordem com o que você disser.
- Peça outras ideias se alguns participantes da reunião discordarem da sua.
- Deixe que todos proponham uma solução.
- Analise as consequências de cada proposta.
- Respeite a opinião de cada um.
- Mantenha o foco em encontrar a melhor saída.
- Enfatize que o objetivo não é buscar culpados.
- Tente encontrar uma base comum procurando coisas com as quais todos possam concordar.
- Esteja preparado para dar e receber. Seja você a pessoa que oferece um ajuste.
- Mantenha a objetividade caso o seu papel seja mediar um conflito que não o envolva diretamente.
- Adie a reunião para dar a todos os envolvidos a chance de se acalmar e examinar a situação de modo mais objetivo, caso a discussão fique muito acalorada. Se não conseguirem chegar a um ajuste, envolva alguém que tenha maior autoridade para mediar a reunião.

Oferecendo a melhor solução para o problema

Dave continuou a falar:
– *Vamos conversar sobre isso e encontrar a melhor solução* (**ajuste**). Gostaria de propor que farei o trabalho da Diana e, se

tiver tempo, ajudarei vocês a fazer parte do meu trabalho. O que acham?

Tanya se manifestou:

– Entendo que vai ser difícil para você fazer o seu trabalho mais o da Diana, mas você pode garantir que dará conta do seu volume de serviço todos os dias?

– Se você puder fazer isso, acho que vai ajudar muito – disse Chad. – Talvez você possa fazer o trabalho da Diana pela manhã e o seu à tarde.

– Ou talvez a gente possa se reunir por alguns minutos a cada manhã e decidir como vamos dar conta do recado – disse Angela. – Tenho certeza de que nós três podemos fazer mais para ajudar, e, se você puder dar uma força quando precisarmos, isso pode resolver o problema.

– *Obrigado pelas ideias. Vou cuidar das tarefas que a Diana precisa que eu faça, e garanto que vou ajudar com a nossa carga de trabalho. Mas, Chad, estou preocupado em concentrar meu trabalho apenas no período da tarde, porque tenho muita coisa a fazer. Angela, gosto do que você disse sobre nos reunirmos todas as manhãs durante alguns minutos, para falarmos sobre o que cada um tem programado para o dia e decidirmos como podemos dividir o trabalho. Chad e Tanya, o que acham disso?* **(ajuste)**

Tanya sorriu e assentiu. Chad disse:

– Para mim está bom.

QUINTO PASSO: CONCORDEM COM A RESOLUÇÃO

O quinto passo, que implica um ajuste, pode acontecer rapidamente, com uma curta troca de frases entre você e um colega ou entre colegas cuja discordância você está mediando. Ou pode ser algo tão embaralhado que exija mais de um encontro para fechar a questão. E, claro, vai depender do problema, das pessoas envolvidas, da disponibilidade de todos em cooperar. Existem algumas maneiras de chegar a um acordo: por consenso, por votação, ou por decisão de uma pessoa. O modo ideal é por consenso, em que todos têm a oportunidade de verbalizar sua opinião, todos permanecem flexíveis, todos cedem. Mas em determinadas situações alguém pode não fazer concessões ou não concordar com aquilo que foi proposto. Nesses casos, é preciso perguntar se a pessoa admitirá o resultado final e se ela aceitará o consenso do grupo.

Se não for alcançada uma unanimidade, talvez você precise buscar outras medidas, como a solução do problema de modo democrático: todos votam e a maioria vence. Isso pode acontecer quando várias pessoas estão envolvidas no atrito e é difícil fazer todas concordarem com uma decisão. Ainda que essa não seja uma abordagem eficaz para chegar a um ponto final, se você fizer uma votação, certifique-se de explicar aos que estiverem discordando por que a maioria acha que essa é a melhor solução. Quando as pessoas entendem os motivos por trás de uma decisão, conseguem aceitá-la de bom grado.

Há cenários, porém, em que você precisa dar a palavra final: quando o problema está tão fora de controle que as partes envolvidas não conseguem se comunicar e discordam de tudo, por exemplo. Quando é você quem decide, é importante deixar claro a todos que você ouviu os pontos de vista e tomou a decisão mais acertada com base nessas ideias. Será útil começar dizendo algo como: "Levei em consideração a opinião de todos vocês, mas em última instância precisei decidir, e a decisão é a seguinte..." Então explique por que chegou a essa conclusão e certifique-se de que todos os envolvidos tenham entendido o seu argumento.

É importante reafirmar a decisão e garantir que todo mundo a aceita em qualquer cenário de conflito. Dê a todos a chance de falar mais. O único modo de acabar com o atrito é garantir que todos aceitem a decisão final. Abordar a situação com a mente aberta, pesquisar os fatos para melhor entendimento, definir o problema segundo o ponto de vista de todos, negociar para chegar a uma solução aceitável e obter concordância para chegar à solução ajudará os envolvidos a avançar com confiança e reforçará os relacionamentos profissionais.

ALGO PARA PENSAR

A maioria dos conflitos envolve você e uma outra pessoa, e não um grupo de colegas de trabalho. Assim, conquistar um acordo pode implicar mais ajuste de sua parte para obter uma solução exequível. Mas lembre-se de que, em qualquer situação de discordância, o objetivo não é vencer. É estar aberto e flexível, respeitar a opinião dos outros e encontrar a melhor saída para todos os envolvidos, mesmo que isso signifique um recuo e você não consiga tudo aquilo que deseja.

Pontos fundamentais

Treine os seguintes pontos quando todos aprovarem a resolução:

- O acordo deve ser feito por consenso, por votação ou por decisão de uma pessoa.
- O ideal é que haja uniformidade de pensamentos para que todos concordem com o resultado final.
- Caso recorram à decisão majoritária, explique por que a maioria prefere essa ideia.

- Se você precisar dar a resposta final, explique que ouviu com atenção as sugestões de todos e tomou a decisão mais acertada com base nas informações que recebeu. Explique por que chegou a essa conclusão.
- Assim que houver um acordo, reafirme a solução e dê a todos a chance de falar mais, para garantir que aceitam a resolução definitiva.

Chegando a um acordo sobre o resultado por consenso, voto ou decisão de uma pessoa

Dave ficou satisfeito com a decisão:

– *Ótimo. Todos concordamos. Assim que chegarmos aqui, todas as manhãs, vamos nos reunir e planejar o trabalho. Depois vamos decidir em conjunto sobre como podemos nos ajudar mutuamente. Agradeço por vocês estarem dispostos a trabalhar com afinco e prometo fazer o mesmo* (**resolução**).

Depois acrescentou:

– *Fico feliz por termos conversado. Somos uma equipe forte, e acho que agora vamos ficar mais fortes ainda* (**reconciliação**).

SOLUÇÃO DE CONFLITOS: O MODO CERTO

Dave e seus colegas de trabalho, Tanya, Chad e Angela, formam uma equipe coesa e unida. No passado, sempre que surgia um problema, eles conseguiam solucioná-lo. Mas então Diana, a chefe de Dave, pediu que ele a substituísse como líder da equipe enquanto ela estivesse fora, em licença-maternidade. Apesar de ser o membro mais novo da equipe, Dave sentiu orgulho por ser o escolhido. Acreditava que a decisão dela se baseava em sua demonstração de fortes habilidades de liderança, seu conhecimento do trabalho e seu papel como a pessoa a ser procurada nas questões da equipe.

Assim que a chefe fez o anúncio, Dave notou uma mudança sutil nos colegas. Durante a reunião, Tanya baixou os olhos e não disse nada. A expressão facial de Chad ficou séria e, enquanto ele assentia devagar, olhou para Angela, que levantou as sobrancelhas e não pareceu muito feliz. Depois da reunião, Dave observou os colegas conversando em rodinhas. Quando se aproximou, eles ficaram quietos. Dave percebeu que estavam chateados porque ele tinha sido escolhido. Ficou magoado porque os colegas não se sentiam felizes por ele, mas sabia que, se quisesse que a equipe continuasse a atuar de modo eficiente, precisava conversar com cada um deles e solucionar o impasse antes que fugisse ao controle.

Primeiro Dave pensou em como agir, avaliando a personalidade de cada um dos integrantes da equipe e como reagiriam. Manteve a objetividade enquanto pensava em cenários possíveis. Depois planejou como iniciar a conversa e como trabalhar no processo para pôr fim ao conflito.

Dave chamou a equipe para conversar na sala de reuniões. Começou afirmando:

– Quando a Diana anunciou que eu iria assumir a liderança da equipe, *eu senti que vocês ficaram incomodados com a decisão, e acho que precisamos conversar sobre isso, para não perdermos a coesão que desenvolvemos como equipe* (**frase com "eu"**). É importante sermos honestos uns com os outros. Assim, gostaria que todo mundo dissesse, com sinceridade, como se sente em relação ao fato de eu ser o líder da equipe.

Como ninguém disse nada, Dave propôs:

– Chad, você pode começar? Diga o que sentiu quando a Diana fez o anúncio.

Chad se remexeu desconfortável na cadeira e respondeu:

– Apesar de você ser o membro mais novo da equipe, entendo por que a Diana o escolheu. O que me incomodou foi que não é justo nós três termos que fazer nosso trabalho além do seu.

Dave assentiu.

– *Entendo* (**compreensão**). Angela?

– A princípio, uma parte de mim sentiu que a escolha deveria ser por antiguidade. A Tanya é quem está aqui há mais tempo. Mas não foi isso que me incomodou mais. Concordo com o Chad. Já estamos todos atolados de serviço. Como podemos assumir mais trabalho ainda?

Dave se virou para Tanya.

– Você concorda com isso?

– Não concordo que só por estar aqui há mais tempo eu deveria ser escolhida – respondeu Tanya. – Acho que a Diana estava certa quando escolheu você, porque você é o membro mais forte da nossa equipe. O que me incomodou foi exatamente o que o Chad e a Angela disseram. Como três pessoas vão fazer o trabalho que deveria ser dividido por quatro?

Dave parou um momento para planejar sua resposta. Depois disse:

– Obrigado pelo que disseram. Agradeço por apoiarem o fato de eu ser o líder da equipe. Entendo a preocupação de vocês sobre como fazer o trabalho. É assim que todos aqui enxergam a situação?

Ele prestou atenção nos sinais não verbais da equipe enquanto cada um assentia, concordando. Agora que Dave havia definido o problema, eles pareciam um pouco mais relaxados.

– *Entendo a posição de vocês* (**compreensão**). Garanto que já pensei nisso e também fico preocupado. Tenho certeza de que vamos resolver a questão. Em última instância, quando a Diana voltar da licença-maternidade, quero que ela veja que somos a mesma equipe unida de sempre.

Dave continuou:
– *Vamos conversar sobre isso e encontrar a melhor solução* (**ajuste**). Gostaria de propor que farei o trabalho da Diana e, se tiver tempo, ajudarei vocês a fazer parte do meu trabalho. O que acham?
Tanya se manifestou:
– Entendo que vai ser difícil para você fazer o seu trabalho mais o da Diana, mas você pode garantir que dará conta do seu volume de serviço todos os dias?
– Se você puder fazer isso, acho que vai ajudar muito – disse Chad. – Talvez você possa fazer o trabalho da Diana pela manhã e o seu à tarde.
– Ou talvez a gente possa se reunir por alguns minutos a cada manhã e decidir como vamos dar conta do recado – disse Angela. – Tenho certeza de que nós três podemos fazer mais para ajudar, e, se você puder dar uma força quando precisarmos, isso pode resolver o problema.
– *Obrigado pelas ideias. Vou cuidar das tarefas que a Diana precisa que eu faça, e garanto que vou ajudar com a nossa carga de trabalho. Mas, Chad, estou preocupado em concentrar meu trabalho apenas no período da tarde, porque também tenho muita coisa a fazer. Angela, gosto do que você disse sobre nos reunirmos todas as manhãs durante alguns minutos, para falarmos sobre o que cada um tem programado para o dia e decidirmos como podemos dividir o trabalho. Chad e Tanya, o que acham disso?* (**ajuste**)
Tanya sorriu e assentiu. Chad disse:
– Para mim está bom.
Dave ficou satisfeito com a resolução:
– *Ótimo. Todos concordamos. Assim que chegarmos aqui, todas as manhãs, vamos nos reunir e planejar o trabalho. Depois vamos decidir em conjunto sobre como podemos nos ajudar mutuamente. Agradeço por vocês estarem dispostos a trabalhar com afinco e prometo fazer o mesmo* (**resolução**).

Depois acrescentou:
– *Fico feliz por termos conversado. Somos uma equipe forte, e acho que agora vamos ficar mais fortes ainda* (**reconciliação**).

POR QUE ISSO FUNCIONA

Como Dave tirou um tempo para planejar a reunião, pôde permanecer nos trilhos e dar os cinco passos. Ainda que sua reação inicial tenha sido sentir-se magoado, pôs os sentimentos de lado, pensou na questão e se concentrou em como seus colegas enxergavam a situação. Então reuniu o grupo e abordou o problema pedindo que todos dissessem o que os estava incomodando. Ouviu atentamente, observou as pistas não verbais e pôde definir o atrito e ganhar a concordância de todos. A partir de então, ofereceu sua melhor solução e encorajou Chad, Angela e Tanya a manifestar suas ideias para pôr fim à desavença. Como esse era um problema relativamente fácil de ser resolvido, Dave analisou todas as sugestões e, em seguida, apresentou aquela que melhor se encaixava no cenário em que estavam. Ao permanecer flexível e chegar a um meio-termo, Dave conseguiu a concordância em relação à saída proposta. Durante toda a reunião, ele usou frases poderosas de compreensão, ajuste, resolução e reconciliação. Agora todos estão motivados para manter a estabilidade e a coesão e, como conversaram sobre o que vinha causando a turbulência, continuarão tendo um bom relacionamento.

4

Frases poderosas para situações desafiadoras com colegas de trabalho

Tentar se esforçar para se relacionar bem com os colegas de trabalho pode ser difícil quando eles são inoportunos, frustrados ou irritantes. Algumas pessoas podem, de fato, incomodar além do permitido, seja um colega que vive dizendo ou fazendo coisas que aborrecem você ou aquele cujos hábitos o tiram do sério. Ao se capacitar com habilidades efetivas para a resolução de conflitos, você aprenderá a lidar com manias e idiossincrasias dos outros. Isso o ajudará a se relacionar bem com todos à sua volta. Quando incorporar frases poderosas nas conversas e usar estratégias não verbais para reforçar suas mensagens, você aumentará a capacidade de se comunicar bem.

Este capítulo descreve vinte comportamentos de colegas de trabalho. Você aprenderá a empregar o processo dos cinco passos para a solução de conflitos que vai ajudá-lo a enfrentar essas situações desafiadoras. Estão incluídos exemplos de diálogos para cada um dos comportamentos irritantes. Como nos três primeiros capítulos, as frases poderosas estão em *itálico* com o tipo de frase em **destaque**. Para alguns comportamentos também há uma dica com o título "Algo para pensar", demonstrando como lidar com uma situação incomum ou difícil. Aplicar o processo dos cinco passos nas interações com os colegas de trabalho lhe dará confiança para resolver qualquer problema que você tiver que enfrentar.

REGRAS BÁSICAS PARA CONFRONTAR UM COLEGA DE TRABALHO

Quando surgir um problema desgastante no ambiente de trabalho, é sempre melhor se concentrar na situação, e não na pessoa envolvida. Sua mensagem será mais bem recebida se você demonstrar que vê o cenário segundo a perspectiva do outro, declarar como o comportamento ofensivo fez com que você se sentisse e expressar disponibilidade para permanecer aberto. Manter uma postura relaxada, combinar as expressões faciais com a conversa e falar com calma e confiança pode aumentar ainda mais sua capacidade de fazer com que seus sentimentos sejam perceptíveis e de enfrentar o problema com sucesso. Essa abordagem permitirá que você resolva os atritos de modo eficaz e tenha relacionamentos fortes e solidários com os colegas.

Antes de aprender a lidar com comportamentos específicos, aqui vão algumas regras básicas para aquele momento em que você estiver enfrentando uma divergência:

- Permaneça calmo, não importa como a outra pessoa se dirija a você.
- Trate os outros com respeito.
- Não reaja com exagero.
- Assuma a abordagem de esperar para ver, sempre que possível.
- Busque a opinião de uma pessoa neutra em relação ao impasse, se achar útil.

- Fale em termos específicos e esteja preparado para dar exemplos.
- Não tente mudar as pessoas; concentre-se em mudar o comportamento.
- Evite reclamar de quem quer que seja com os outros.
- Aprenda a resolver os desentendimentos de maneira efetiva, mas saiba que nem todas as situações precisam ser tratadas.
- Ignore um contexto, em particular se ele for resultado de um hábito irritante que você pode aprender a desprezar.
- Dê à pessoa a chance de consertar os erros; jamais passe por cima de alguém sem ter falado diretamente com ele.
- Fale sobre o assunto que incomoda você com seu chefe se a situação não puder ser resolvida depois de uma conversa de resolução.
- Encerre a discussão e consiga alguém para mediar se a conversa se tornar acalorada ou se você se sentir ameaçado.

Os exemplos a seguir envolvem um embate que surge entre dois funcionários, mas o diálogo pode ser adaptado para um grupo em que você esteja envolvido ou para quando você for o responsável por mediar o entrave. No entanto, quando um grupo de colegas tem um problema com uma pessoa específica, é mais recomendável que um único funcionário a confronte. Caso contrário, ela pode se sentir acuada pelo grupo e ficar na defensiva e ser pouco comunicativa.

COMO LIDAR COM ALGUÉM QUE ATACA PELAS COSTAS

Nas duas últimas semanas, Amanda e Vicky estavam trabalhando juntas num projeto. Durante esse tempo, Amanda foi conhecendo melhor Vicky e passou a considerá-la mais que uma colega de trabalho: ela se tornou sua amiga. Vicky se vangloriava dizendo que as duas eram as melhores funcionárias da empresa, e depois alardeou aos quatro cantos que os outros integrantes da equipe eram uns perfeitos imbecis. Ainda que Amanda não se considerasse fofoqueira, pegou-se concordando com Vicky quando ela falava dos colegas. Mas então Amanda soube, por outro colega, que Vicky falava mal dela, alegando que sua competência no projeto estava abaixo dos padrões e que Amanda não cumpria com a parte devida no trabalho. Amanda ficou pasma. Mesmo concordando com Vicky sobre as duas serem as melhores integrantes da equipe, não sabia por que Vicky a havia atacado pelas costas, sobretudo quando achava que as duas trabalhavam bem juntas.

Se você trabalha com alguém que gosta de falar mal dos outros com você, as chances de que essa pessoa fale mal de você com os outros são grandes também. Há quem goste de "derrubar" os outros, e se comporta dessa maneira para se sentir mais importante ou mais inteligente. Como Amanda, você pode gostar de ficar por dentro das fofocas... até saber que "alguém" falou mal de você. E nesse casso é bastante provável que você sinta raiva, mágoa ou indignação. O que o seu colega fez foi traiçoeiro e dissimulado. Você se pergunta a quem mais ele falou sobre você pelas suas costas. Quanto mais você pensa, mais chateado fica.

A melhor prática é não falar negativamente de ninguém e não participar de conversas com colegas que falam dos outros. Fique acima desse tipo de disputa. Mas, por melhor que você se comporte, em algum momento algo que certa pessoa disse a seu respeito vai acabar chegando ao seu conhecimento. Quando isso acontecer, aja. Em vez de retaliar e fazer um comentário maldoso sobre quem ataca pelas costas, não diga nada até ter tempo de se acalmar. Depois se dirija ao traidor. Você precisa fazer com que esse comportamento pare. Assim, falar do que você ouviu, e dar à pessoa a chance de responder se é verdade ou não, lhe proporciona a vantagem de impedir ataques futuros.

Amanda ficou magoada ao saber que Vicky falava mal dela, especialmente porque acreditava que eram amigas. Sentiu vontade de procurar Vicky e repreendê-la, mas se conteve.

Primeiro passo: pense antes

Amanda tirou um tempo para se acalmar. Quando conseguiu raciocinar com mais clareza, imaginou como abordar a conversa que temia ter com Vicky. Pensou em várias situações possíveis e, quando procurou a colega, sentia-se confiante de que poderia lidar bem com o bate-papo. Além disso, sabia que precisaria se apresentar de modo assertivo. Amanda se certificou de que mantinha contato visual enquanto falava.

Segundo passo: procure compreender melhor

– Vicky, eu soube que você avaliou meu trabalho no projeto como abaixo do padrão e está cansada de fazer a maior parte do serviço – disse Amanda. – *Fiquei atordoada quando ouvi isso e, acima de tudo, magoada por você falar de mim desse modo* (**frase com "eu"**).

Vicky se remexeu, inquieta, e baixou os olhos. Amanda imaginou se ela estaria tentando organizar as ideias.

– Quem contou isso? – perguntou Vicky.

Amanda estava preparada para essa pergunta e não iria desviar a conversa para longe da fofoca, por isso respondeu:

– Não importa quem contou. Importa você dizer uma coisa dessas. É assim que você se sente de verdade ao trabalhar comigo?

– Não. Não me lembro de ter dito isso. Mas, se disse, foi só como piada – respondeu Vicky, sem dar o braço a torcer.

Terceiro passo: defina o problema

– Você está dizendo que não se lembra, mas pode ter feito uma piada a meu respeito? – perguntou Amanda.
– Posso ter feito isso. Realmente não me recordo – disse Vicky.
– *Bom, me incomoda saber que você falaria isso, porque quem me contou não achou que era brincadeira* (**frase com "eu"**). *Sei que você é boa no trabalho e é inteligente* (**compreensão**). Mas eu também sou. E, se vamos trabalhar juntas, não quero que você fique me ridicularizando, sobretudo porque nós colaboramos igualmente para o projeto.
Amanda sentiu orgulho de como estava conduzindo a conversa, sem deixar Vicky escapar nem se afastar do assunto.
– Você entende por que ouvir isso me incomodou tanto?
– Entendo – respondeu Vicky. – Se eu disse alguma coisa, desculpe.

Quarto passo: ofereça a melhor solução

Amanda não recuou.
– *Obrigada por se desculpar. E, por favor, converse comigo se tiver algum problema, em vez de falar ou fazer piadas sobre mim com outras pessoas* (**ajuste**).
Vicky pareceu aliviada.
– Prometo que, se eu tiver algum problema, aviso você.

Quinto passo: concordem com a resolução

– Ok (**resolução**). – Amanda continuou: – *Eu gosto de trabalhar com você e não quero que nada atrapalhe nossa relação profissional* (**reconciliação**).

Por que isso funciona

Se Amanda tivesse confrontado Vicky quando estava dominada pela emoção, a conversa não teria transcorrido tão bem. Amanda se acalmou e pôde pensar na situação mais objetivamente. Declarou o que tinha ouvido e deu tempo para Vicky responder. Não mordeu a isca quando Vicky perguntou quem tinha contado aquilo; isso mudaria o foco do diálogo. Amanda foi assertiva, permaneceu calma durante toda a conversa e pôde resolver o problema de modo satisfatório. Mas aprendeu uma lição valiosa sobre as pessoas que falam mal das outras. Dali em diante, planejou usar uma abordagem diferente quando Vicky falasse dos colegas, dizendo a ela que não queria ouvir esse tipo de comentário.

ALGO PARA PENSAR

Tenha o cuidado de não concordar com alguém que fala mal de outro colega. Pode ser que essa pessoa pense que foi você quem fez a fofoca, quando você apenas concordou com o que foi dito. Se alguém falar mal de um colega, o melhor é permanecer neutro e não dar sua opinião, a não ser para defender a pessoa.

Como fazer a abordagem certa

Aplique os seguintes princípios ao lidar com alguém que ataca pelas costas:

- Não caia na armadilha de concordar com alguém que fala mal dos colegas.
- Não confronte a pessoa que ataca pelas costas quando

você estiver chateado ou com raiva porque soube que alguém falou mal de você.
- Planeje conversar com a pessoa.
- Tire um tempo para se acalmar, de modo a pensar na conversa que precisa ter.
- Comece a conversa contando o que ouviu e como isso afetou você.
- Peça à pessoa que se explique.
- Certifique-se de que o colega de trabalho entende qual é a situação. E o único acordo possível é ele procurar você diretamente quando surgir algum problema, em vez de falar mal de você pelas costas.
- Encerre a conversa com frases de resolução e reconciliação.
- Mantenha a pessoa a distância, e tenha cuidado com o que você diz e como age quando estiverem juntos.

COMO LIDAR COM UM PUXA-SACO

Lauren e seus colegas de trabalho estavam cada vez mais chateados com Mia por causa de seu puxa-saquismo constante. Eles tentaram pressioná-la fazendo comentários e gestos desdenhosos sempre que Mia bancava a amiguinha do chefe, Antônio, mas nada deu certo. Para piorar, Antônio adorava a atenção que recebia e começou a demonstrar favoritismo por Mia. Na semana passada, ela passou a chegar meia hora atrasada todos os dias. Quando alguém a questionou, ela disse:

– Estou com problema para chegar mais cedo porque preciso deixar minha filhinha na creche. Falei sobre isso com o Antônio e ele topou que eu começasse a trabalhar mais tarde. Mas vou compensar o tempo no horário do almoço, por isso não é nada de mais.

Para os colegas, era grande coisa. As manhãs são o momento mais movimentado do dia, e seria bom contar com uma pessoa a mais para atender aos telefonemas.

Os puxa-sacos podem ser bem irritantes porque só pensam em si mesmos. Elogiam em busca de favores. Lambem as botas dos outros em busca de ganhos pessoais. Atraem a atenção do chefe usando elogios e adulação. Paparicam as pessoas que podem ajudá-las a ter sucesso. E fazem isso por motivos egoístas: querem obter vantagem, promoção ou algum favor especial.

A pressão dos colegas costuma ser o modo mais bem-sucedido de lidar com um puxa-saco no trabalho. O grupo pode fazer comentários brincalhões. Alguém pode fazer gestos sugerindo o comportamento típico daquela pessoa, que fará toda a equipe rir um bocado. Tentar deixar um puxa-saco sem graça pode ser eficaz, especialmente se ele gosta do grupo. No entanto, se a pessoa está em busca de promoção ou favores especiais do chefe, a pressão dos colegas pode não funcionar.

Se as brincadeiras não funcionarem, a melhor abordagem pode ser ignorar o puxa-saco, concentrar-se em fazer um bom trabalho e se posicionar de modo que o chefe enxergue suas realizações. Mas, se ele estiver engolindo a lisonja do puxa-saco e começar a demonstrar favoritismo, é hora de agir. Nessa situação, o melhor é conversar com ele, porque o puxa-saco não vai mudar de comportamento enquanto o chefe estiver reagindo bem. Além disso, se o chefe tiver um funcionário predileto, é com seu chefe que você entrará em conflito, e não com o puxa-saco.

Lauren é a líder não oficial da equipe e se ofereceu para falar com Antônio sobre o que vem acontecendo, já que está afetando a produtividade do grupo.

Primeiro passo: pense antes

Antes de falar com Antônio, Lauren percebeu que precisaria agir com cuidado. Não queria parecer que estava reclamando, por isso decidiu se concentrar nos fatos e abordá-lo argumentando que os atrasos de Mia afetavam toda a equipe. Lauren se encontrou com Antônio na sala dele.

Segundo passo: procure compreender melhor

– Quero falar com você sobre algo que está afetando a equipe – disse Lauren. – A Mia tem chegado meia hora atrasada todos os dias. Ela disse que você não vê problema nisso, mas a situação é desconfortável para todos nós. *Precisamos lidar com o excesso de telefonemas que ela deveria ajudar a atender, e a ausência dela afeta a nossa carga de trabalho* (**frase com "eu"**).

Lauren manteve a postura, foi assertiva e olhou diretamente para Antônio enquanto falava.

– A Mia tem dificuldade de deixar a filhinha na creche e chegar às oito e meia – explicou Antônio. – Eu concordei que ela comece às nove e compense o tempo perdido na hora do almoço. – Antônio olhou direto para Lauren enquanto falava. Era visível que ele não estava disposto a recuar.

– *Sei muito bem que ter um bebê exige ajustes* (**compreensão**). Passei por isso quando tive minha filha, mas dei um jeito – retrucou Lauren. – Ainda preciso deixar minha filha numa creche, mas consigo chegar ao trabalho na hora certa.

Terceiro passo: defina o problema

Antônio não disse nada, por isso Lauren continuou:
– Entendo que, pelo seu ponto de vista, não há problema em um membro da equipe começar mais tarde do que todos nós.
– Bom, eu não havia pensado desse modo – disse Antônio. – Achei que estava sendo flexível.

– Certo, claro. Então você aceitou o arranjo por causa do bebê da Mia.

Antônio assentiu. Lauren entendeu que esse gesto era uma concordância com a sua definição do problema.

Quarto passo: ofereça a melhor solução

Lauren estava preparada para oferecer uma solução e continuou:

– *Eu gostaria de discutir esse arranjo com você, para ver se podemos encontrar uma solução aceitável para toda a equipe, já que nenhum de nós tem horários flexíveis* (**ajuste**).

– Não vejo o que precisamos discutir – contrapôs Antônio. – Ela vai compensar o horário.

– Mas isso é um problema para a equipe. Quando o escritório abre, às oito e meia, nós somos bombardeados por telefonemas. Nosso horário mais movimentado é de manhã cedo. Sem a Mia para ajudar, nós atendemos telefonemas a mais e isso atrasa o trabalho do dia. Quando a Mia chega e começa a atender, nós já estamos com quatro ou cinco atendimentos. *Isso está dificultando a realização do nosso trabalho. Entendemos que ela precisa levar o bebê para a creche, mas eu deixava a minha filha na mesma creche e chegava aqui na hora certa. Nós precisamos dela aqui quando o escritório abre* (**frase com "eu", resolução**).

Antônio se remexeu na cadeira. Lauren manteve o contato visual e permaneceu calma, sentada ereta e com uma expressão concentrada.

– Bom, não havia pensado em como isso afetaria a equipe – disse ele. – Entendo o seu ponto de vista. Vou falar com a Mia e dizer que preciso dela aqui às oito e meia, quando vocês começam a trabalhar. Não sabia que sua filha frequentava a mesma creche. Se você conseguia chegar na hora certa, ela não deveria ter dificuldade com isso.

Quinto passo: concordem com a resolução

– Obrigada, Antônio, isso parece razoável – disse Lauren. – Sabemos que de vez em quando um de nós terá algum problema, mas, se ela puder estar aqui quando nós começamos a trabalhar, vai ajudar a equilibrar o trabalho do dia (**resolução**). Fico feliz de ter falado com você sobre isso. Nossa equipe sempre trabalhou bem, e eu não gostaria que uma coisa assim provocasse algum atrito (**reconciliação**).

– Eu também não – concordou Antônio. – Desculpe ter lidado com a questão dessa forma. Vou falar com a Mia hoje mesmo.

Por que isso funciona

Em vez de ficar ainda mais descontente com o puxa-saquismo de Mia, a equipe decidiu agir. Não adiantaria dizer nada a ela, porque Antônio engolia seu puxa-saquismo e passou a demonstrar que Mia era a funcionária favorita, deixando que trabalhasse num horário diferente. Não havia motivo para Mia mudar sua tática quando era favorável a ela. Lauren pensou no melhor modo de confrontar Antônio e se decidiu por uma abordagem direta, explicando como as ações dele afetavam a equipe. Durante toda a conversa, Lauren projetou uma linguagem corporal assertiva, manteve contato visual, sentou-se com as costas eretas, mostrou uma expressão concentrada. Conseguiu comunicar de modo eficaz que a equipe estava assumindo uma carga de trabalho maior por causa dos atrasos de Mia. Antônio entendeu e concordou em falar com ela. Ainda que Mia pudesse não ficar satisfeita com o novo arranjo, os integrantes do grupo decidiram que, depois de Antônio falar com ela, eles também dariam sua opinião sobre o assunto. E esperavam fazê-la entender que todos precisavam trabalhar juntos, como um time.

Como fazer a abordagem certa

Aplique os seguintes princípios ao lidar com um puxa-saco:

- Use a pressão dos colegas, que costuma ser eficaz ao lidar com o puxa-saco.
- Experimente censuras gentis, piadas, gestos, já que esses atos podem ajudar o puxa-saco a entender que o comportamento é inaceitável para a equipe.
- Aja se o chefe (ou o alvo do puxa-saquismo) começar a morder a isca e demonstrar favoritismo.
- Reconheça que o problema agora é o chefe, que concede favores especiais, de modo que ele é a pessoa com quem a equipe deve conversar.
- Pense antes de falar, e lembre-se de se concentrar em como as ações do chefe estão afetando o restante da equipe.
- Faça perguntas para melhor compreender o atrito em curso e para ajudar o chefe a entender que existe, sim, um problema.
- Esteja preparado para oferecer a melhor solução.
- Saiba que suas palavras podem entrar por um ouvido e sair pelo outro. Se o chefe não estiver disposto a concordar com a solução que você propôs, não haverá muito que fazer.
- Concentre-se em fazer o seu melhor trabalho e descobrir maneiras de mostrar seus êxitos ao chefe.

COMO LIDAR COM ALGUÉM QUE FAZ BULLYING

Cindy morria de medo de ir ao trabalho, sabendo que precisaria enfrentar o comportamento agressivo, aviltante e humilhante de Diane. Entre as tarefas de Cindy estava preparar faturas para

Diane, responsável por aprová-las e mandar aos clientes. Com frequência, Diane dava broncas em Cindy por não terminá-las a tempo, uma acusação infundada. Por algum motivo, Diane havia escolhido Cindy como alvo de depreciações contínuas. Cindy era uma boa funcionária, mas não era assertiva e não conseguia se defender. Tinha tentado ignorar Diane, esperando que ela parasse com suas atitudes hostis. Como isso não aconteceu, Cindy desejou ser tão má com Diane quanto Diane era com ela, apesar de não ser de sua natureza tratar os outros desse modo, então continuou a suportar as agressões.

Diferente de um crítico que sente necessidade de julgar todo mundo, alguém que faz bullying escolhe uma pessoa que se torna sua "presa". Os adeptos do bullying podem lançar insultos, demonstrar comportamentos ameaçadores, mostrar aversão, agir com desrespeito, lançar olhares malignos ou zombar do alvo. Podem reclamar de como a vítima trabalha – e transferir suas tarefas a ela – e ultrapassar limites no espaço de trabalho mexendo em seus papéis ou abrindo pastas sem permissão.

Ninguém merece ser alvo de bullying. Ninguém deveria sofrer em silêncio. A regra mais importante ao lidar com alguém que faz bullying é pôr um ponto final nesse comportamento. Ao confrontar um agressor, permaneça calmo e diga a ele que suas atitudes são inadmissíveis. Depois, estabeleça limites para o relacionamento profissional. Se o bullying continuar, documente cada incidente. Se possível, pergunte a um colega de confiança se ele testemunhou o comportamento doentio e estaria disposto a apoiar você. Discuta os incidentes de bullying com seu chefe ou o gerente de recursos humanos. Informe que você já confrontou o agressor, mas que continua a ser importunado. Revise a documentação dos episódios com o gerente e deixe que ele lide com o agressor.

Um colega de Cindy havia notado o bullying e sugeriu que ela confrontasse Diane. Ainda que, para Cindy, fosse desconfortável fazer isso, ela sabia que era necessário. Estava cansada de dar a outra face e ser humilhada de novo. Como seus sentimentos estavam pouco a pouco se transformando em raiva, Cindy achou melhor falar com Diane antes que perdesse o controle e dissesse algo que piorasse a situação.

Primeiro passo: pense antes

Cindy conversou com o colega que a aconselhou a enfrentar Diane. Juntos discutiram o caso e ensaiaram conversas até Cindy sentir-se confortável para dizer o que vinha pensando. Não sentia necessidade de fazer perguntas para entender melhor por que Diane falava com ela daquele modo. Não havia desculpas para o bullying, por isso decidiu que a melhor tática seria confrontar Diane na próxima vez que as agressões começassem, definir o problema e passar para a etapa da solução. Cindy não precisou esperar muito.

Segundo passo: procure compreender melhor

Não é aplicável, como foi explicado no primeiro passo.

Terceiro passo: defina o problema

Logo Diane passou pela mesa de Cindy e disse:
– Ainda estou esperando as faturas. Qual é o seu problema? Você é retardada ou só é lenta?
Cindy se levantou, encarou Diane, fez contato visual e respondeu:
– Estou trabalhando num projeto de alta prioridade. Quando terminar, vou trabalhar nas faturas e mandá-las para você.
Diane não se abalou.

– Preciso das faturas agora. Não importa no que você está trabalhando; isso pode esperar.

– Não, Diane. Vou terminar o projeto e depois pegar as faturas. Vou mandá-las para você à tarde, com tempo suficiente para você aprová-las ainda hoje. – Cindy falou com o máximo de assertividade que pôde, mantendo contato visual, ainda que isso fosse desconfortável para ela.

Diane a encarou, irritada.

Apesar de sentir os joelhos tremerem, Cindy disse com uma voz bem firme:

– Você entende que vou entregar as faturas a tempo para você aprovar?

Diane não disse nada. Cindy continuou:

– *Diane, não sei por que você acha que tem o direito de me tratar com desrespeito e, francamente, não me importo. Já suportei por tempo suficiente e preciso que você pare com esse tipo de atitude* (**frase com "eu"**).

– Não sei do que você está falando. – Diane olhou irritada para Cindy, esperando que ela cedesse e recuasse.

– Tenho certeza de que você sabe exatamente do que estou falando. Já suportei seus comentários humilhantes por tempo demais. Deixei outros trabalhos de lado para mandar as faturas para você, mesmo sabendo que você exige isso só para me criar dificuldades. Eu tenho outros trabalhos a cumprir. De agora em diante, vou mandar as faturas para você no início da tarde, todos os dias.

Apesar de em nenhum momento Diane concordar com as acusações, Cindy acreditou ter deixado bem claro como o comportamento dela a afetava.

Quarto passo: ofereça a melhor solução

Cindy sentiu a confiança crescer enquanto oferecia uma solução:
– *Daqui em diante, espero que você me trate com respeito. Se você não quiser ou não puder fazer isso, por favor não fale nada comigo* (**ajuste**). *Não mereço ser tratada dessa forma e não vou mais aceitar esse seu comportamento hostil* (**frase com "eu"**).

Quinto passo: concordem com a resolução

Diane lançou um olhar maligno na direção de Cindy, mas se afastou sem dizer uma palavra. Cindy se sentiu vitoriosa por ter falado como falou. E, ainda que Diane não tenha concordado, Cindy percebeu que ela entendia muito bem sua decisão. Quanto a oferecer uma frase de conciliação, Cindy queria esperar para ver se o comportamento de Diane mudaria para melhor. Se isso acontecesse, ela diria algo quando fosse merecido.

Por que isso funciona

Confrontar com sucesso alguém que faz bullying exige que você mantenha uma postura calma e assertiva, falando de modo confiante e sincero. Como havia ensaiado com um colega, Cindy pôde dizer a Diane aquilo que vinha sentindo. Não fez rodeios nem elaborou demais o argumento. Falou de modo direto. Explicou o problema, afirmou que não estava mais disposta a sofrer bullying, disse que aquele comportamento precisava ter um fim, deixou claro que Diane poderia esperar as faturas à tarde. Antes do confronto, Cindy havia começado a documentar cada incidente. Não tinha certeza de que as agressões parariam, por isso estava preparada para dar o próximo passo e procurar o gerente com a documentação, se necessário.

Como fazer a abordagem certa

Aplique os seguintes princípios ao lidar com alguém que faz bullying:

- Tente ignorar o comportamento, com a esperança de que o agressor se canse da sua falta de reação e pare com a hostilidade.
- Lembre-se de que você não merece ser tratado desse modo caso os insultos continuem.
- Vá direto ao seu chefe ou ao RH, sem confrontar o agressor, se o seu local de trabalho tiver procedimentos formais em relação ao bullying.
- Decidiu enfrentar o agressor? Então, não há necessidade de trabalhar nas etapas de descoberta dos fatos e na definição do comportamento.
- Ensaie a conversa, de modo a manter a calma e o controle quando falar com o agressor.
- Lembre-se de que as palavras mais poderosas que você precisa dizer são: "Esse comportamento precisa parar." Se sentir necessidade, ou se o agressor negar o comportamento, dê exemplos.
- Saiba que talvez você não consiga fazer com que o agressor recue e reconheça que o comportamento era inadequado.
- Esteja preparado para oferecer uma resolução declarando como espera ser tratado.
- Documente cada incidente, caso o bullying continue. A documentação deve falar por si mesma, por isso inclua data e hora, o que a pessoa disse ou fez, se havia alguma testemunha da conversa.
- Converse com seu chefe ou o gerente de recursos humanos.

COMO LIDAR COM ALGUÉM QUE ROUBA
OS CRÉDITOS

De manhã cedo, o vice-presidente da empresa visitou o escritório. Kayla e seus colegas estavam ocupados trabalhando enquanto Julie, a pessoa mais expansiva da equipe, se promovia com o visitante. Kayla e os outros se entreolharam atônitos ouvindo Julie contar ao vice-presidente sobre o catálogo que havia criado, porque toda a equipe havia colaborado com o projeto. E a ideia nem tinha sido de Julie. Kayla sentiu vontade de intervir, participar da conversa, recuperar um pouco da atenção e dar o crédito a quem era devido. Mas, como os colegas, permaneceu calada.

Roubar créditos pode ser um dos comportamentos mais insuportáveis que você encontrará no trabalho. Você conhece o tipo de pessoa. Quando o seu chefe ou alguém da alta administração visita o escritório, a pessoa que rouba créditos aponta os refletores diretamente para si mesma por trabalhos que você ajudou a fazer ou pelos quais foi o único responsável. Você olha perplexo para a cena e fica sem palavras ao ver o colega agindo dessa forma. Os ladrões de crédito assumem muitas formas, inclusive a de um colega que pede sua ajuda mas não reconhece suas colaborações, um membro da equipe que toma para si 100% do crédito por realizar um projeto em que toda a equipe trabalhou, uma pessoa que tem o dom da fala e sabe como se promover omitindo todas as outras.

Quem já não trabalhou com esse tipo de profissional que rouba créditos? Quem nunca se sentiu frustrado com pessoas assim? E, quando isso acontece, somos apanhados desprevenidos e acabamos permitindo que a pessoa nos roube os holofotes. O modo mais eficaz de lidar com alguém desse tipo é estar preparado para falar durante o processo de apropriação.

Kayla não pensou suficientemente rápido para falar e dar o crédito do trabalho à equipe. Os integrantes do grupo ficaram tão chateados que conversaram sobre o que aconteceu quando Julie saiu para a pausa do café. Em vez de a equipe confrontar Julie, Kayla se ofereceu para falar a sós com ela.

Primeiro passo: pense antes

Antes de falar com Julie, Kayla pensou na situação. Tinha dificuldade de entender a perspectiva de Julie porque jamais se comportaria desse modo. Decidiu dizer à colega como todos se sentiam em relação à atitude dela com o vice-presidente e pedir explicações. Estava decidida também a convencer Julie a não fazer isso de novo.

Segundo passo: procure compreender melhor

Depois de respirar fundo, Kayla procurou Julie.
– Quero falar com você sobre o que aconteceu quando o Sr. Sanders estava no escritório hoje. Você tem um minuto agora?
Julie assentiu e Kayla disse:
– Vamos para a sala de reuniões, para conversarmos com calma.
Depois de fechar a porta, Kayla continuou:
– *Quando eu ouvi você tomando todo o crédito pelo catálogo que a nossa equipe criou, fiquei chocada e a equipe também. Todos nos sentimos traídos vendo você fazer aquilo* **(frase com "eu")**. – Disse isso de modo assertivo, permaneceu calma e manteve a expressão facial neutra. – Em vez de todo o grupo conversar sobre isso com você, eu me ofereci para falar em nome deles.
– Eu não percebi que fiz isso – contrapôs Julie em tom casual.
– Desculpe.
– *Você disse que não se deu conta da atitude que tomou, e eu entendo que isso possa acontecer* **(compreensão)**, mas fico imaginando o que levou você a assumir todo o crédito de um projeto feito por uma equipe – disse Kayla.

— Não é um grande problema. Tenho certeza de que o Sr. Sanders sabe que foi um esforço conjunto. Por acaso eu era a pessoa disponível para falar sobre isso com ele.

Terceiro passo: defina o problema

— Certo — disse Kayla. — Então, o que você está dizendo é que não percebeu que assumiu todo o crédito e era a pessoa disponível naquele instante, por isso se tornou a porta-voz da equipe.

Julie deu de ombros e assentiu. Parecia desconfortável.

Kayla não deixou que ela escapasse do anzol.

— Você concorda com isso?

— É, acho que sim. Eu não faria nada para prejudicar a equipe. Por acaso eu estava disponível quando o Sr. Sanders chegou.

Quarto passo: ofereça a melhor solução

— Olha, Julie, *nós precisamos encontrar uma solução para isso não acontecer de novo* (**ajuste**). *Todos do nosso grupo ficaram com raiva e se sentiram traídos porque você falou somente de suas realizações, sem mencionar a equipe* (**frase com "eu"**).

— Desculpe. O que mais posso dizer?

— *Daqui em diante gostaríamos que você nos garantisse que, se por acaso estiver falando pela equipe, dará crédito a todo o grupo. Fale "nós fizemos", e não "eu fiz"* (**ajuste**). Se você tivesse feito isso desta vez, não ficaríamos chateados. Você concorda com isso?

Quinto passo: concordem com a resolução

Julie assentiu.

— Agora entendo que minha atitude incomodou vocês. Daqui

em diante vou me certificar de falar com mais cuidado e incluir toda a equipe.

– Muito bem. *Fico contente de termos conversado sobre isso e de ver que você entende como nos sentimos* (**resolução**). *Sempre fomos uma equipe forte, e agora que resolvemos o impasse vamos nos tornar mais fortes ainda* (**reconciliação**).

– Vou pedir desculpas a todos agora mesmo – prometeu Julie.

Por que isso funciona

Como Kayla se ofereceu para conversar com Julie, não ficou parecendo que a equipe inteira estava contra ela. Kayla falou de modo assertivo e permaneceu calma. Estava preparada para a resposta de Julie de que não havia feito aquilo de propósito, e depois perguntou se Julie percebia como seu comportamento provocara uma reação da equipe. Kayla não recuou e sugeriu que, no futuro, Julie falasse a favor de toda a equipe, e não somente sobre seus êxitos. Quando Julie concordou, Kayla ofereceu frases de resolução e reconciliação e encerrou a conversa num tom positivo. Ao pedir desculpas, Julie demonstrou que não roubará o crédito pelos feitos do time no futuro.

> **ALGO PARA PENSAR**
>
> As pessoas que roubam créditos só pensam em si mesmas e não se importam nem um pouco com as outras. Considere que, quando você aborda uma pessoa assim, ela pode negar o que fez, como Julie, ou ficar na defensiva. Se estiver preparado para as duas possibilidades, você poderá continuar a conversa de modo assertivo e confiante.

Como fazer a abordagem certa

Aplique os seguintes princípios ao lidar com um ladrão de créditos:

- Esteja prevenido. Drible seu colega, manifestando-se e reivindicando o crédito ou dando-o a quem é de direito.
- Procure oportunidades de apresentar suas realizações. Ladrões de crédito são os membros mais gregários do grupo e acham fácil apontar os refletores em sua própria direção.
- Treine alardear seus feitos pensando em algumas hipóteses e em como você poderia falar positivamente a seu respeito. O treino vai ajudá-lo a aprender a promover seus êxitos de modo discreto, para não parecer que está contando vantagem.
- Converse com o ladrão que levar um crédito indevido. Explique como a atitude dele fez você se sentir e siga o processo dos cinco passos para negociar uma conclusão bem-sucedida. Se for uma situação de grupo, a melhor abordagem é uma única pessoa falar pelo time todo.
- Esteja prevenido se, depois de conversar com o ladrão de crédito, o comportamento dele se mantiver igual. Prepare-se para se manifestar quando esse tipo de situação se repetir.
- Seja assertivo, nada tímido, porque se não fizer isso a alta administração jamais saberá de suas contribuições.

COMO LIDAR COM UMA PESSOA CRÍTICA

Na primeira vez que Mark criticou Vince, um novo funcionário, Vince não respondeu. Achou que Mark estava tendo um dia ruim ou que não sabia que Vince só havia treinado parcialmente para

assumir o trabalho. Na segunda vez que Mark o criticou, Vince pediu desculpas e comentou que ficaria feliz quando recebesse o restante do treinamento. Nesta manhã, Mark criticou de novo o trabalho de Vince na frente dos colegas e depois perguntou em voz alta:
— Por que você fez aquilo?
Vince achou que a pergunta era depreciativa e indevida; já estava farto das críticas de Mark. Pensou: será que Mark continuaria pegando no pé dele e menosprezando-o só porque ele não tinha experiência?

Algumas pessoas nascem críticas. Enquanto alguns falam dos outros pelas costas, os críticos não têm problema em falar diretamente. Disparam contra os pontos sensíveis, usam argumentos baratos e sarcasmo. Podem, ainda, fazer comentários em voz alta para a pessoa escutar. Como no caso de Vince, um crítico pode se sentir mais confortável escolhendo profissionais novos porque são um alvo fácil. Em outros casos, não importa se o funcionário é novo ou experiente: o crítico pode continuar sentindo necessidade de censurar, desafiar ou humilhar o colega. Algumas pessoas criticam outras porque sentem necessidade de "ajudar", mas não têm filtro para escolher a melhor forma de fazer isso. Outras podem criticar para se sentir superiores. E algumas outras ainda criticam porque acham que é seu "trabalho" apontar inseguranças e deficiências de colegas.

Quaisquer que sejam os motivos para as críticas, elas podem ser muito cansativas, independentemente de você ser um funcionário novo que ainda não encontrou seu nível de conforto no trabalho ou um experiente que sabe o que está fazendo. Na primeira vez que alguém criticar, você pode dizer: "Obrigado pela sua opinião." Isso deixará a pessoa sem fala e encerrará a conversa. Depois, você pode decidir se a crítica foi válida. Se for, você precisa decidir como agirá. No caso de um crítico constante como Mark, você pode continuar ignorando a pessoa, agradecer pela opinião dela ou iniciar uma conversa para a solução de conflito.

Vince tinha se cansado das críticas cotidianas de Mark. Quando Mark o criticou na frente dos colegas, ele achou que era hora de conversar e dizer que não gostava das censuras diárias, especialmente porque era novo na empresa e ainda estava experimentando qual a melhor conduta a tomar.

Primeiro passo: pense antes

Vince não queria se indispor com Mark, um colega experiente que poderia ajudá-lo muito. Decidiu dizer a Mark como as críticas constantes o faziam se sentir. E ao mesmo tempo deixar claro que respeitava o conhecimento do colega. Vince pensou em como dizer de que modo gostaria de ser tratado dali em diante. Quando se sentiu confortável repassando a conversa em sua mente, falou com Mark.

Segundo passo: procure compreender melhor

– Mark, se você tiver uns minutinhos, eu gostaria de conversar sobre uma coisa.
– Claro, o que é?
– Desde que comecei a trabalhar aqui, você criticou repetidamente o meu trabalho. *Hoje de manhã, quando você me chamou a atenção na frente dos outros, eu me senti desprestigiado. Aquilo me incomodou de verdade, considerando que só estou na empresa há algumas semanas* (**frase com "eu"**).

Vince se esforçou ao máximo para manter uma boa postura, o contato visual e uma expressão concentrada.

– Ei, eu só estava brincando com você – reagiu Mark.

– Para mim não foi engraçado. – Vince sentiu que Mark tinha dito aquilo para apaziguá-lo. Mas ele não iria recuar agora.
Mark disse:
– Fica frio. Você sabe que eu só estava brincando.

Terceiro passo: defina o problema

Vince respondeu:
– *Se você falou aquilo só de brincadeira, entendo melhor agora o que você queria dizer* (**compreensão**). E percebo que a sua ideia de piada é criticar alguém na frente dos outros.
Mark deu de ombros e riu, sem jeito.

Quarto passo: ofereça a melhor solução

Vince gostou de ter ensaiado o que queria dizer, porque se sentiu muito confortável ao continuar:
– Ser um funcionário novo e não saber tanto quanto vocês já me deixa numa situação desfavorável. Mas, Mark, ninguém tem o direito de me criticar como você fez, seja de brincadeira ou não. *Eu gostaria que a gente soubesse isso daqui para a frente* (**ajuste**).
– Certo, entendi. Desculpe se passei do ponto. Não vou fazer isso de novo – disse Mark.
– Respeito o fato de você ser muito experiente e gosto de saber que posso pedir sua ajuda quando precisar. *Será que podemos combinar que, no futuro, você falará comigo de um jeito mais construtivo?* (**ajuste**) – Vince falou num tom confiante, satisfeito porque tinha conversado de modo assertivo.

Quinto passo: concordem com a resolução

– Claro. De novo, desculpe se passei do ponto.

– *Que bom que a gente conversou* (**resolução**). *E fico contente porque posso contar com a sua ajuda também* (**reconciliação**).

Por que isso funciona

Se as críticas tivessem acontecido uma única vez ou se fossem aleatórias, Vince poderia optar por ignorar os comentários. Mas, quando Mark o criticou na frente dos colegas, Vince achou que os ataques pessoais não iriam ter fim. Presumiu que o motivo para os comentários depreciativos era ele ser o funcionário mais novo na empresa, porém Mark não tinha direito de tratá-lo desse modo. Vince pensou no que queria dizer, para estar preparado quando Mark alegasse estar apenas brincando. Vince deixou claro como as críticas o faziam se sentir, conseguiu que Mark entendesse o problema e disse, assertivamente, que no futuro gostaria de ser tratado com mais respeito. Balançou, ainda, uma bandeira branca, elogiando Mark por seu conhecimento profissional. Ao fazer isso, deixou claro que valorizava Mark como colega e queria contar com a ajuda dele.

Como fazer a abordagem certa

Aplique os seguintes princípios ao lidar com uma pessoa crítica:

- Na primeira vez que alguém criticar você, escolha se quer ignorar ou reagir.
- Se optar por reagir, tente dizer: "Obrigado pela opinião." Isso costuma encerrar a conversa.
- Sempre que alguém criticar você, enxergue a crítica como uma oportunidade de crescimento. Analise a crítica. Se for válida, decida o que pode fazer para melhorar.

- Se precisar de mais treinamento para corrigir o problema, peça.
- Se as críticas prosseguirem e não forem válidas, você pode continuar ignorando o crítico, agradecer pela opinião da pessoa ou decidir confrontá-la.
- Antes de iniciar uma discussão de resolução de conflito, pense na conversa provável que terá.
- Você pode pegar o crítico desprevenido, e ele pode reagir como Mark, descartando as críticas como se fossem piadas. Não deixe a pessoa escapar do anzol, caso contrário o comportamento nocivo tende a continuar.
- A pessoa tem que entender por que as críticas criam problemas para você.
- Você precisa deixar bem claro como espera ser tratado daqui para a frente.
- Vocês devem chegar a um acordo e ter uma frase de reconciliação.

COMO LIDAR COM ALGUÉM QUE VIOLA A ÉTICA

Melanie estava finalizando uma ordem de serviço quando ouviu seu colega de trabalho, Todd, falar a uma cliente:
– Se você comprar hoje, eu não cobro a taxa de instalação.

Melanie ficou de queixo caído, porque não era política da empresa oferecer instalação gratuita como incentivo aos clientes. Esperou que Todd concluísse o telefonema e disse:
– Ei, Todd. Escutei você oferecendo instalação gratuita à cliente. O que foi aquilo?

Todd piscou para ela e disse:
– Ei, se isso ajudar a fechar a venda, por que não? Ela estava pronta para comprar de qualquer modo. Eu só ajudei a acelerar a

decisão. Vou anotar no relatório que essa cliente estava furiosa, só para me livrar de qualquer inconveniente.

Melanie não disse mais nada, mas quanto mais pensava sobre a conversa, mais percebia que Todd havia ultrapassado um limite ético. E, como ele iria fazer uma anotação no relatório de venda, ela teve certeza de que ele sabia que aquilo estava errado.

Algumas pessoas acham que as regras são feitas para os outros. Algumas não entendem a importância da ética. E outras parecem não saber que existe um limite entre o certo e o errado. Se você trabalha com alguém que ultrapassa a linha da ética, é sua responsabilidade tomar alguma atitude. Quer seja um colega de trabalho que, como Todd, oferece um acordo especial para fechar uma venda, quer seja alguém que foge às regras para se ajustar à situação, atravessar o limite ético é uma séria violação da política da empresa. Apesar de você não ser policial, juiz ou júri, quando percebe que alguém faz algo eticamente errado, torna-se responsável por abordar a questão.

A não ser que seja uma violação séria, primeiro você deve falar com a pessoa envolvida no caso. Talvez ela nem perceba que está cometendo um erro. Ou talvez ache que sua conduta está de acordo com as diretrizes da empresa. Chame o funcionário num canto e faça perguntas para descobrir o motivo do comportamento antiético. Depois explique o impacto sobre outros clientes e colegas de trabalho. Siga os cinco passos para resolver o entrave. Se, depois de falar com o colega, o comportamento se mantiver igual, leve o problema ao conhecimento de seu chefe. Certifique-se de documentar a conversa para evitar desdobramentos futuros que possam comprometer você.

Melanie não se arrependeu de não ter mergulhado mais fundo na questão ao confrontar Todd pela primeira vez, porque isso lhe deu tempo de pensar no melhor modo de lidar com a situação. Ela se preparou para puxar o assunto de novo naquela tarde.

Primeiro passo: pense antes

Melanie queria entender melhor por que Todd havia feito a proposta à cliente e também fazê-lo compreender como era necessário assumir a responsabilidade por violar a política da empresa. Repassou a conversa na mente, o que lhe deu confiança para abordar o problema.

Segundo passo: procure compreender melhor

Melanie disse:
– *Todd, eu pensei na nossa conversa de hoje de manhã e aquilo está me incomodando* (**frase com "eu"**). *Sei que você abriu mão da taxa de instalação para fechar a venda* (**compreensão**), *mas o que me chateia é que nenhum de nós está oferecendo a mesma prática, algo que vai inflar seu resultado de vendas* (**frase com "eu"**). – Ela continuou: – Fico imaginando por que você tomou aquela atitude.
Todd respondeu:
– Nós estamos sofrendo uma pressão enorme para produzir. Não vejo nada de errado em flexibilizar as regras se isso significar uma venda. A longo prazo, não entendo por que essa não seria uma política da empresa. Afinal de contas, nós mais do que compensamos a taxa de instalação se pudermos fazer o cliente comprar conosco, e não com o concorrente.

Terceiro passo: defina o problema

Melanie olhou direto para Todd enquanto continuava a falar:
– Então você acha que não há nada de errado em fugir às regras, ainda que mais ninguém esteja fazendo o mesmo que você.
Todd ficou em silêncio, com a testa franzida. Em seguida, deu de ombros e respondeu:

- Só fiz isso uma vez.
- Mas, de novo, você acha certo fazer uma proposta igual a essa, nem que seja só uma vez?
Todd baixou os olhos.
- Entendo o que você quer dizer.

Quarto passo: ofereça a melhor solução

Melanie disse:
- Ainda que seja só uma vez, não está certo. *O que você fez não é justo para com os outros clientes que não recebem a mesma oferta. E não é justo com todos nós, porque estamos seguindo a política da empresa* (**frase com "eu"**). *Precisamos resolver isso e, pelo meu ponto de vista, a única solução é que você não faça isso de novo* (**ajuste**).

Melanie fez uma pausa antes de dizer que, se o comportamento de Todd não mudasse, ela reportaria o problema para a chefia. Queria dar a Todd a chance de responder algo.

Quinto passo: concordem com a resolução

Todd disse:
- Nunca pensei na questão desse modo. Você está certa. Não vou fazer de novo.

Melanie sorriu e disse:
- Ótimo. *Fico contente por termos conversado e por você entender como uma coisa assim pode ser prejudicial* (**resolução**). *Não queria falar com a chefia antes de ter a chance de conversar com você. Nós trabalhamos juntos e não quero prejudicar nosso relacionamento profissional* (**reconciliação**).
- Muito obrigado, Mel.
- De nada. Mais uma coisa, Todd: acho que você precisa contar à nossa chefe por que fez aquilo e garantir que nunca mais fará.

– Claro. Você está certa. Vou falar com ela agora mesmo.

Melanie ficou satisfeita porque Todd concordou em parar e contar à chefe o que havia acontecido.

Por que isso funciona

Assim que Melanie ouviu Todd ultrapassando o limite ético, tornou-se responsável por abordar o problema. Em vez de passar por cima dele e ir direto à chefe, decidiu falar primeiro com Todd. Deu-lhe a chance de se explicar, definiu o impasse e o convenceu de que seu comportamento estava errado. Depois ofereceu uma solução de ajuste. Apesar de ele parecer entender e concordar com a resolução, Melanie achou necessário dar um passo a mais e dizer que ele precisava falar com a chefe.

Como fazer a abordagem certa

Aplique os seguintes princípios ao lidar com alguém que viola a ética:

- Se você tem conhecimento de uma violação da ética e a ignora, isso pode ter repercussões negativas para a sua carreira.
- Assim que você sabe de uma violação da ética, torna-se responsável por abordá-la ou denunciá-la.
- Se você se sentir confortável em conversar sobre o assunto com seu colega, sobretudo se o colega não perceber que a conduta era inadequada, faça isso imediatamente. Não espere um minuto mais. Ensaie bem a conversa na mente. Isso ajudará você a ter confiança para falar de modo assertivo.
- Sempre dê à pessoa a chance de se explicar, já que isso ajudará você a entendê-la melhor.

- Você precisa definir como o problema afeta a empresa, os outros funcionários e os clientes.
- O único ajuste que você vai oferecer (e na verdade não é um ajuste, e sim uma declaração) é que a violação jamais deverá acontecer de novo.
- Depois de obter a concordância do colega, diga que o ofensor precisa falar com o chefe sobre a questão. Esse passo coloca a responsabilidade nas mãos do violador e do chefe. Se a violação for muito séria, ou se for uma situação arriscada em que você não se sinta confortável para conversar com o colega, aborde o assunto com a chefia.
- Os documentos para sustentar a acusação precisam estar em ordem.

COMO LIDAR COM ALGUÉM QUE MANDA E-MAILS EM EXCESSO

Leah abriu sua caixa de entrada e murmurou baixinho ao ver que 24 dos e-mails haviam sido mandados por Richard naquela manhã. Ele parecia não entender a etiqueta de e-mails. Sentia necessidade de compartilhar cada um dos que recebia, usando a função "responder a todos", mesmo quando não era imprescindível que todos lessem sua resposta. Richard tinha um hábito ainda pior: repassava piadas com cópias para todo o grupo. A sobrecarga de e-mails estava incomodando Leah. Seu dia já era bem agitado sem ter que nadar em meio ao excesso de e-mails que Richard mandava.

A etiqueta de e-mails implica ter cuidado ao enviar e repassar mensagens, mas muitas pessoas não entendem as regras básicas. Bombardeiam os colegas com excesso de e-mails. Mandam spams em vez de se perguntar: será que os destinatários precisam, de fato, ler isso? Podem ser pouco claros na linha de assunto a ponto de o destinatário ter que abrir o e-mail para ver se o conteúdo é válido. Podem escrever demais quando apenas poucas palavras seriam adequadas. Usam o "responder a todos" quando uma resposta enviada a uma pessoa específica é a melhor opção. E repassam piadas pessoais, correntes e outros lixos desnecessários a colegas que já têm que lidar com um número grande de mensagens. Se você trabalha com alguém que manda e-mails em excesso, deve estar balançando a cabeça enquanto lê isto.

Se você recebe e-mails em excesso de algum colega de trabalho, tem uma escolha a fazer. Pode deletar os e-mails sem ler ou acrescentar um filtro de spam, o que pode acabar sendo prejudicial mais tarde, quando a pessoa mandar um e-mail importante que você não viu. Você pode abrir cada e-mail e examinar rapidamente o conteúdo, mas isso toma um tempo valioso. Ou pode conversar com o colega e explicar a etiqueta de e-mails.

Leah tinha adquirido o hábito de deletar todos os e-mails de Richard. Até que, num dia da semana passada, deixou de ver um e-mail essencial que ele havia mandado. Como não o tinha aberto, chegou a uma reunião despreparada para discutir um assunto importante. Sentiu que passou a impressão de fraqueza, por isso vinha abrindo cada e-mail e examinando o conteúdo. Mas isso tomava tempo demais, e ela estava se cansando de todas as piadas e bobagens mandadas por Richard.

Primeiro passo: pense antes

Leah pensou no melhor modo de enfrentar a situação. Decidiu abordar a questão de frente, explicar a Richard por que isso estava criando problemas para ela e, em seguida, dizer que tipo de e-mails queria receber.

Segundo passo: procure compreender melhor

Leah se aproximou de Richard no fim do dia.
– Richard, você tem um minuto? Eu gostaria de conversar sobre um assunto.
– Tudo bem, mas só se for rápido. Preciso ver uma porção de e-mails.
– É exatamente sobre isso que eu quero conversar. *Eu só tenho um número limitado de horas para fazer todo o meu trabalho, e a quantidade de e-mails que você repassa consome demais o meu tempo. Estou com problemas para terminar tudo o que tenho que fazer e isso começou a me estressar* (**frase com "eu"**).
– Nem me fale! Eu preciso ler todos aqueles e-mails antes de repassar. – Richard riu.
Ele parecia não estar levando a sério o que Leah dizia.

Terceiro passo: defina o problema

– Richard, não estou brincando. Para mim, é um transtorno receber tantos e-mails. Admito que comecei a deletar a maioria das suas mensagens, mas na semana passada, quando não li o único que tinha a ver com a discussão da reunião, percebi que essa não era a atitude certa a tomar. Não tenho tempo para ficar olhando tantos e-mails, e se você está se atrasando no fim do dia porque precisa ler seus e-mails, parece que você também não tem.
– Nunca pensei desse modo, mas preciso concordar com você – disse Richard. – Eu também recebo muitos e-mails, talvez demais. Mas gosto de ler as piadas e achei que você também gostava.

Quarto passo: ofereça a melhor solução

– *Valorizo isso e entendo sua posição* (**compreensão**). *Apesar de*

eu gostar de piadas boas, não suporto quando enchem a minha caixa de entrada. Vamos ver como dar um jeito nisso (**ajuste**). – Leah esperava que ele entendesse e continuou num tom confiante:
– Daqui em diante, eu só gostaria de receber e-mails relacionados ao trabalho, algo que eu de fato precise ler (**ajuste**).
– Ah, está bem. Mas como vou saber o que você precisa ver e o que não precisa?
– Que seja qualquer coisa relacionada ao trabalho, com algumas exceções. Se você estiver respondendo a um e-mail, não precisa mandar cópia para todos. Quando estiver escrevendo um e-mail que eu precise ler, ajudaria se você deixasse o texto curto e objetivo. E, como disse, por mais que eu goste de uma boa piada, detesto quando enchem minha caixa de mensagem. Portanto, nada de piadas, por favor (**ajuste**).

Quinto passo: concordem com a resolução

Leah continuou:
– Podemos concordar com isso? (**resolução**)
– Claro. Acho que sou culpado de repassar coisas antes de pensar. Prometo que não vou mandar mais piadas e vou filtrar todos os e-mails antes de enviar para você.
– Obrigada. Fico contente por falarmos sobre isso. E essa atitude pode poupar algum tempo (**reconciliação**) – respondeu Leah. – Se for uma piada boa, me conte na hora do café, certo?
Richard gargalhou.
– Tudo bem, então.

Por que isso funciona

Leah havia adquirido o hábito de apagar todos os e-mails de Richard, mas quando chegou a uma reunião despreparada percebeu que essa não era a abordagem certa. Como consequência, passou a examinar todos os e-mails para ver se o conteúdo era válido. Mas essa abordagem também não era ideal, porque tomava muito do seu tempo. Como Leah especificou por que isso havia se tornado um problema, conseguiu que Richard concordasse com ela. Estava preparada para dizer a ele que tipo de e-mails queria receber, e os dois chegaram a uma decisão. Leah encerrou a conversa num tom positivo e fez Richard se sentir valorizado quando pediu a ele que lhe contasse as piadas boas durante uma pausa do trabalho.

Como fazer a abordagem certa

Aplique os seguintes princípios ao lidar com pessoas que mandam e-mails em excesso:

- Numa situação de trabalho, não decida deletar todos os e-mails dessa pessoa. Alguns podem ser importantes.
- Se você não tem tempo de examinar todos os e-mails de quem exagera na quantidade de mensagens, fale com essa pessoa a respeito.
- Como você não tem tempo para ler e-mails sem importância, principalmente se não tiverem a ver com o trabalho, explique por que isso é um problema para você. Certifique-se de que a pessoa entendeu.
- Você pode oferecer um ajuste, declarando quais e-mails quer receber.
- Se não achar necessário receber cópias das respostas, deixe isso bem claro.
- Sempre use de cautela. Você quer garantir que verá os e-mails que possam ser pertinentes. Assim, antes de encerrar a conversa e oferecer uma frase de reconciliação, garanta que a pessoa entende o que você precisa ler.

COMO LIDAR COM UMA PESSOA FOFOQUEIRA

Nick trabalha num escritório que emprega mais de cem funcionários. Ele tenta cuidar da própria vida e ficar longe da rede de boatos. Orgulha-se de ser afável com todos os colegas. Mas, de todos os empregados do escritório, ele gostaria que Brian não ocupasse a baia ao lado da sua. Nick se cansou de ouvir Brian fazer fofocas sobre tudo que acontece dentro – e fora – do escritório. Tentou ignorá-lo e até fingiu estar ao telefone sempre que Brian enfiava a cabeça em sua baia, mas de algum modo Brian conseguia encurralá-lo para contar as últimas novidades. O incômodo de Nick se transformou em raiva quando Brian mal pôde esperar para dizer que um colega estava muito encrencado e poderia ser suspenso por ter cometido um erro num relatório importante. Nick não quer ouvir fofocas nem boatos maliciosos sobre um colega que ele aprecia e respeita. Afastou-se sem defender o colega, mas lamentou não ter se manifestado, porque sabia que não demoraria muito até Brian contar a próxima fofoca.

Como Brian, algumas pessoas adoram disse me disse. Não conseguem se segurar e vão logo contando as últimas novidades, até mesmo quando é um boato que talvez não seja verídico. Elas querem fazer parte da rede de notícias, ser as distribuidoras de informações, portadoras de bons – ou maus – fatos, boatos e insinuações. Mesmo se você gostar de ouvir fofocas, ou se for apanhado inadvertidamente na rede de boatos do escritório, é melhor não se envolver nessa falação inútil. E ainda mais aconselhável: não repetir as fofocas que escutou. Alguém pode replicar algo que você disse sobre outro colega, que vai ouvir essa informação distorcida e acusar você de instigar boatos maldosos. Ou alguém pode tirar de contexto algo que você disse e você vai precisar se defender. Se alguma dessas situações acontecer, seus colegas e seu chefe perderão a confiança em você.

Assim, como evitar que fofocas venham à baila? Simplesmente as ignore. Não comente nem faça expressões faciais que comuniquem seus sentimentos. Permaneça calmo e mantenha um semblante neutro. Se alguém pedir sua opinião ou instigá-lo a concordar, você pode dizer: "Não sei o suficiente sobre a situação para comentar." Ao se mostrar isento, você deixará claro que não gosta de fofocas. Se uma pessoa faz mexericos continuamente, como no caso de Nick, a melhor atitude a tomar é ignorá-la. A pessoa fofoqueira quer reação. Assim, não dê nenhum motivo a ela. Não levante as sobrancelhas nem pareça chocado. Quando você permanece impassível, a pessoa fofoqueira capta sua intenção e leva a fofoca para outro lugar.

Nick sabia que, a não ser que se manifestasse, Brian não pararia de fazer intriga. Decidiu falar a Brian que não queria ouvir mais notícias ruins sobre os colegas nem qualquer conversa fiada no escritório.

Primeiro passo: pense antes

Nick achou que nada do que dissesse mudaria o comportamento de Brian. Seus objetivos ao interpelá-lo eram dois: queria colocar em pratos limpos o boato envolvendo o colega que, segundo Brian, estava encrencado, e garantir que Brian entendesse que, dali em diante, não desejava ouvir nenhum mexerico. Ensaiou a conversa mentalmente, concentrando-se em como ela o afetava e como poderia afetar Brian.

Segundo passo: procure compreender melhor

Naquele dia, quando Brian enfiou a cabeça na baia de Nick para fazer uma atualização sobre o colega, Nick disse:
– Brian, entre aqui e sente-se. Eu gostaria de conversar com você.

Brian pareceu empolgado quando se sentou, pronto para extravasar todos os detalhes.
– Você não vai acreditar no que...
Nick o interrompeu:
– Olha, Brian, eu não pedi para você me contar todos os detalhes sórdidos. *Eu gosto muito do John e me incomodei quando você disse que ele estava encrencado* (**frase com "eu"**). Não gosto de ouvir nenhuma fofoca do escritório. *Estou aqui para fazer o meu trabalho. Quando você me falou dele, isso me incomodou e me desconcentrou do que eu estava fazendo* (**frase com "eu"**).
– Só estou repetindo o que ouvi sobre o John. Não sou eu que estou inventando. Só queria manter você a par da situação, meu chapa.

Terceiro passo: defina o problema

Nick assentiu, manteve uma expressão neutra e continuou:
– Então, o que você quer dizer é que está repetindo coisas que ouviu para me manter informado, independentemente de a informação ter sido verificada ou não. E vem me dizer sem saber se eu estou no meio de um projeto importante.
– Bom, quando você coloca assim... Não, eu não verifiquei tudo. Acho que, se alguém me conta uma coisa, é verdade. E não percebi que havia desconcentrado você.
Nick acrescentou:
– Você entende minha posição? Entende que ouvir mexericos indesejados pode quebrar meu ritmo de trabalho?
– Bom, eu não havia pensado nisso, mas acho que sim – disse Brian.

Quarto passo: ofereça a melhor solução

Nick se inclinou e disse:

– *Sei que você quer me manter informado sobre o que acontece* (**compreensão**). *Mas, Brian, como eu disse, não quero saber da vida dos outros. Preferiria que você não me contasse nada sobre ninguém do escritório. Acho melhor falar de outras coisas ou ficar aqui sentado e fazer o meu trabalho* (**ajuste**).

– Se você não quer ouvir as novidades do escritório, e está tão ocupado, talvez eu não devesse falar com você – contrapôs Brian.

Nick havia se preparado para esse tipo de reação defensiva.

– Brian, não quero que você entenda mal. *Eu gosto de você. Gosto de trabalhar com você. Gosto de conversar com você. Mas não gosto de ouvir boatos e fofocas sobre ninguém. Desde que a gente possa conversar sobre outros assuntos, para mim está bem. E isso me ajuda a manter a cabeça concentrada no trabalho* (**ajuste**).

Quinto passo: concordem com a resolução

– Claro – disse Brian. – Aceito sua sugestão.

Nick sorriu.

– *Ótimo* (**resolução**). *Vou gostar muito mais das nossas conversas se não tiverem a ver com nossos colegas* (**reconciliação**).

– Entendo.

Por que isso funciona

O objetivo de Nick com a conversa não era mudar o comportamento de Brian. Era mudar o conteúdo das conversas para evitar fofocas. Ele deixou claro como havia se sentido ao ouvir o boato sobre o colega. E explicou que não queria ouvir nenhum tipo de fofoca, porque isso afetava sua capacidade de trabalhar. Quando Brian se mostrou na defensiva, Nick estava preparado para essa reação. Assim, tranquilizou-o e conseguiu mudar o rumo da conversa. Nick terminou a interação reiterando que gostaria mais de bater papo com Brian se não fossem incluídos mexericos. Quando Brian reafirmou que entendia, o diálogo terminou num tom positivo.

Como fazer a abordagem certa

Aplique os seguintes princípios quando lidar com uma pessoa fofoqueira:

- Tente ignorar o disse me disse. Permaneça neutro e não faça comentários. Mantenha uma expressão facial neutra e não use gestos que indiquem concordância ou surpresa.
- Diga que prefere não comentar, caso alguém peça sua opinião.
- Deixe claro para a pessoa fofoqueira que ela o está incomodando e que esse tipo de comportamento afeta o seu trabalho.
- Faça com que a pessoa concorde com a sua definição do problema.
- Ofereça um ajuste depois.
- Convença a pessoa a deixar você de fora da rede de boatos.
- Fica incomodado com o número de fofocas ventiladas quando está num grupo? Talvez seja hora de evitar esses colegas.
- Pense: se você passa tempo com pessoas que gostam de fazer mexericos, os outros vão presumir que você é como elas.

COMO LIDAR COM UM SABICHÃO

Grace vem fazendo o seu trabalho há três anos. É uma funcionária experiente e raramente precisa pedir ajuda. Seu chefe lhe designou projetos extras e ela se orgulhou de completá-los com sucesso. *Ela também substituiu o chefe quando ele saiu de férias. Grace trabalha bem com sua equipe e sente que eles a respeitam... todos menos Kyle, o sabichão do time.* Ela está farta de Kyle, cuja atitude superior e cujo desejo de tratar os outros como se não soubessem fazer o trabalho a incomodam demais. Grace conversou sobre isso com alguns colegas, e eles têm a mesma opinião.

Os sabichões acham que sabem tudo. Sentem-se superiores, desconsideram a opinião dos outros, não se dispõem a ouvi-los, adoram dizer como o trabalho deve ser feito. Esse comportamento pode ficar tão entranhado que se torna parte da personalidade dos sabichões. O resultado é que eles não sabem agir de outro modo. Ficam parecendo autocentrados e metidos a besta, e irritam você com facilidade, em especial se você souber fazer bem o seu trabalho. Você morde a língua quando a pessoa começa a dizer coisas que você já sabe. Você percebe seu cabelo eriçar quando ela fala com ar de superioridade. Mas há um modo eficaz de lidar com o sabichão, de colocá-lo com gentileza em seu lugar sem parecer que você também é um sabe-tudo.

A chave para lidar com esse tipo de pessoa é usar o tato e a assertividade. Quando o sabichão lhe disser como fazer o seu trabalho, agradeça e depois acrescente que, se precisar de ajuda, vai pedir. Isso pode colocar um ponto final nesse tipo de comportamento. Caso contrário, chame a pessoa num canto e converse de coração aberto. Explique como as ações dela fazem você se sentir. Deixe claro que a considera inteligente, para que ela mantenha a dignidade. Mas esteja preparado, porque a pessoa pode não recuar nem assumir a responsabilidade por seus atos.

Além disso, saiba que você não mudará por completo o comportamento da pessoa em relação aos outros. Seu objetivo é interromper as atitudes direcionadas a você. Se conseguir isso, você poderá trabalhar com o colega de maneira tranquila.

Grace mencionou a Kyle, educadamente, que, se precisasse de ajuda, pediria, mas ele continuou a tratá-la como se ela não soubesse o que estava fazendo. Hoje de manhã, durante uma reunião, Kyle aludiu ao fato de que ajudou Grace a completar um projeto, quando isso não aconteceu de fato. Ela ficou irritada e decidiu que era hora de confrontá-lo.

Primeiro passo: pense antes

Antes de interpelar Kyle, Grace tirou um tempo para se acalmar, esfriar a cabeça e deixar a raiva amainar. Pensou no que iria dizer e em como Kyle reagiria. Refletir sobre a situação aumentou sua confiança quando precisou ficar cara a cara com ele.

Segundo passo: procure compreender melhor

Na pausa da tarde, Grace disse:
– Kyle, quero falar com você. Você tem tempo para irmos lá fora por alguns minutos?
Kyle assentiu.
– Durante a reunião de hoje fiquei muito incomodada quando você disse que precisou me ajudar a terminar o projeto, principalmente porque eu já havia finalizado quando você perguntou em que eu estava trabalhando (**frase com "eu"**). Ainda que eu goste da sua vontade de ajudar, me senti desvalorizada quando você disse aquilo (**compreensão, frase com "eu"**).

Grace falou de modo assertivo e com educação, mantendo contato visual, e apresentou uma postura confiante, permanecendo ereta e deixando as mãos relaxadas ao lado do corpo.

Em seguida ficou em silêncio, dando tempo para Kyle se defender. Ele olhou para longe, como se estivesse repassando os acontecimentos da reunião. Depois a encarou e disse:
– Desculpe. Mas, quando você me contou no que estava traba-

lhando, eu lembrei que já havia feito um projeto semelhante. Só queria dizer como eu havia feito.

Terceiro passo: defina o problema

– Certo – disse Grace. – Então, mesmo eu não tendo pedido ajuda, você achou que precisava me ajudar.
– É – admitiu Kyle. – Quando fiz aquele projeto, o chefe ficou muito satisfeito com o meu trabalho.
– Mas, de novo, ainda que eu não tenha pedido qualquer palpite, você achou que precisava me dar sua opinião?
Kyle deu de ombros e assentiu.
– Não quis dizer nada depreciativo com isso.

Quarto passo: ofereça a melhor solução

Grace levantou uma bandeira branca.
– Olha, Kyle, sei que você é inteligente e muito bom no que faz. Espero que saiba que eu também sou inteligente e sei o que estou fazendo. Estou nesse trabalho há três anos e sinto orgulho de ser capaz de dar continuidade ao que faço. Quando o chefe me entregou o projeto, fez isso porque acreditava que eu entregaria um bom resultado. *Como não quero continuar me sentindo desvalorizada, quando você quiser dar sua opinião, gostaria que a gente evitasse esse impasse* (**ajuste**).
Ela continuou:
– *No futuro, gostaria que você aceitasse que sei o que estou fazendo. E também que tivesse em mente que posso contar com você quando precisar de ajuda. Mas, a não ser que eu peça, gostaria de terminar meus projetos sozinha, sem sua intervenção* (**ajuste**).
Kyle não disse nada. Parecia meio irritado.
– *Você pode concordar com isso?* (**ajuste**) – perguntou Grace.

Quinto passo: concordem com a resolução

Grace deu um sorriso caloroso e a expressão de Kyle suavizou.

– Sim, claro que concordo. Desculpe se fiz você se sentir desvalorizada.

– *Obrigada. Fico feliz de termos conversado. Respeito você, e não gostaria que nenhum atrito interferisse em nosso relacionamento* (**resolução, reconciliação**).

Por que isso funciona

Grace poderia ter ficado quieta e continuado a aguentar a atitude superior de Kyle, mas já estava farta e sabia que era hora de falar com ele. Ao pensar primeiro e depois falar de modo assertivo e respeitoso, teve uma conversa construtiva. Quando aproveitou para elogiar Kyle sobre o seu conhecimento profissional, ele se mostrou mais receptivo em concordar com o ajuste que ela ofereceu. Mesmo sabendo que Kyle não mudaria de personalidade, Grace ficou satisfeita porque ele concordou em mudar de comportamento em relação a ela.

> **ALGO PARA PENSAR**
>
> Considere que o sabichão pode ter esse traço de personalidade por causa de insegurança profunda e falta de confiança. Algumas pessoas que se sentem inferiores tentam agir de modo superior como um mecanismo de defesa. Se você suspeita que seja esse o caso, prossiga com cuidado, elogie o colega quando puder e tente ajudá-lo a ter convicção de seu valor.

Como fazer a abordagem certa

Aplique os seguintes princípios ao lidar com um sabichão:

- Ignore o comportamento do sabe-tudo se isso não lhe causar problema.
- Confronte o colega de modo a resolver o conflito, se o comportamento dele começar a lhe dar nos nervos.
- Pense e planeje como falar de modo assertivo e com educação, e deixe claro que você não precisa de ajuda ou conselho quando não solicitado.
- Deixe claro como o comportamento do colega faz você se sentir.
- Defina o problema e pergunte se o sabichão entende como você o vê.
- Elogie o sabichão sobre o que ele faz particularmente bem, caso você chegue a um impasse depois de oferecer um ajuste. Um elogio pode mudar a atitude dele em relação a você.
- Reitere que você também sabe o que está fazendo.
- Acrescente que, se precisar de ajuda, você vai pedi-la.
- Ofereça frases de resolução e reconciliação depois de propor uma solução.

COMO LIDAR COM UM ATRASADINHO

Holly estava ficando cada vez mais chateada com sua colega de trabalho, Sarah, que sempre chegava tarde ao trabalho. Hoje de manhã, Sarah chegou de novo correndo, mas o que incomodou de fato Holly foi que Sarah havia marcado um compromisso com um cliente. Quando ele perguntou por Sarah, Holly se apresentou, pediu desculpas e explicou que Sarah ainda não havia chegado.

O cliente demonstrou profunda irritação. Holly não achou bom fazê-lo esperar por Sarah, por isso cuidou do pedido dele. Para piorar o cenário, Sarah nem pediu desculpas a Holly, apenas fez uma piadinha quando Holly disse alguma coisa. Holly começou a imaginar se Sarah achava que as regras eram feitas para todos os funcionários, menos para ela. Agora que o atraso havia afetado um cliente, Holly estava mais do que irritada.

Algumas pessoas se atrasam com frequência. Como Sarah, acham que as restrições de horário não têm a ver com elas. Aparecem tarde para um jantar, deixam de pegar você na hora combinada, chegam atrasadas ao trabalho todas as manhãs. Quando esses comportamentos se tornam habituais, esses atrasadinhos incomodam bastante. Você sente ferver por dentro quando, mais uma vez, eles chegam tarde. Você se dá conta de que eles não respeitam os outros, ou que talvez achem que o tempo deles é mais valioso que o de qualquer um. Você pode se manifestar ou não, mas, se não interromper esse comportamento, continuará se irritando mais e mais.

Quando um colega chega repetidamente atrasado ao trabalho, você tem o direito de interpelá-lo, em especial se precisar fazer o trabalho dele. Mas, antes de tudo, tente saber se a pessoa é uma atrasadinha contumaz, já que isso ajudará a decidir como estruturar a conversa. Tem coisas demais para fazer? Está muito estressada? Não gosta de seguir regras? Se a pessoa tem acúmulo de trabalho e está sofrendo estresse, você conversará de modo mais delicado do que faria se ela achasse que as regras não são feitas para ela.

Sarah quase sempre comentava que havia saído de casa com tempo suficiente para chegar na hora ao trabalho. Assim, depois de pensar na situação, Holly concluiu que Sarah não conseguia avaliar bem o tempo e que não estava saindo de casa suficientemente cedo. Quando Holly precisou atender o cliente de Sarah, isso foi a gota d'água. Os atrasos precisavam ter fim.

Primeiro passo: pense antes

Holly estava cansada de ouvir a mesma desculpa, por isso decidiu que o melhor modo de iniciar a conversa seria dizer a Sarah que os atrasos a estavam afetando. E planejou oferecer uma solução que ajudasse a colega a chegar na hora.

Segundo passo: procure compreender melhor

Na manhã seguinte, quando Sarah chegou correndo à sua mesa e disse ter saído de casa com tempo suficiente, Holly não se conteve:
 – Sarah, você diz a mesma coisa todos os dias. *Eu consigo chegar na hora certa sempre e fico incomodada por você chegar tarde, especialmente porque ontem precisei atender um cliente seu. Não acho justo* (**frase com "eu"**).
 – Desculpe, Holly. Acho que estou saindo com tempo de sobra. Talvez o relógio daqui esteja diferente do da minha casa.

Terceiro passo: defina o problema

Holly sorriu e assentiu, levantando as sobrancelhas para indicar compreensão.
 – *Claro, se o seu relógio está diferente, esse pode ser o problema* (**compreensão**). *Mas, como você perdeu o compromisso com o cliente ontem, acabou afetando o início do meu dia, e para mim isso é um problema* (**frase com "eu"**). Dá para entender o meu lado?
 – Bom, isso só aconteceu uma vez. Não acho que seja um grande empecilho.
 – Olha, Sarah, isso aconteceu uma vez, mas se você continuar chegando atrasada vai acontecer de novo. Só quero que você entenda a minha posição.

– Eu entendo – respondeu Sarah. – E pedi desculpas por você ter se sentido obrigada a atender o meu cliente.

Quarto passo: ofereça a melhor solução

– *Posso sugerir uma coisa que talvez ajude?* (**ajuste**)
Holly estava contente porque havia pensado antes na conversa e estava preparada para dar uma sugestão.
– Claro – respondeu Sarah.
– *Por que você não adianta o relógio da sua casa em quinze minutos? Assim, você não deve ter problema para chegar na hora* (**ajuste**). *Eu gosto de chegar um pouco cedo, porque isso me ajuda a começar o dia mais tranquila* (**frase com "eu"**) – acrescentou Holly.

Quinto passo: concordem com a resolução

– Isso deve ajudar – disse Sarah. – Vou adiantar todos os meus relógios quando chegar em casa, e amanhã você vai me ver chegando na hora.
– *Excelente!* (**resolução**) *Você vai descobrir que ser pontual ajuda a começar o dia com mais calma* (**reconciliação**).

Por que isso funciona

Holly poderia continuar se irritando sempre que Sarah chegasse tarde, mas, depois de atender um cliente potencialmente furioso, decidiu confrontá-la e oferecer uma sugestão que ajudasse Sarah a chegar na hora. Holly poderia também ter reclamado com o chefe, mas achou que a melhor abordagem era falar direto com Sarah. Afinal de contas, se alguém tivesse algum problema com ela, Holly preferiria ficar sabendo por um colega. Depois de pensar na possível conversa, decidiu falar na próxima vez que Sarah chegasse tarde. Conseguiu fazê-la entender que seus atrasos a afetavam e que também haviam perturbado um cliente. Holly estava preparada para oferecer uma sugestão, que Sarah aceitou. Holly ficou contente por ter falado, e Sarah entendeu que seus atrasos eram motivo de preocupação para a colega.

> **ALGO PARA PENSAR**
>
> Se um de seus colegas de trabalho se atrasa com constância para reuniões, e o líder o espera chegar antes de dar início ao evento, você pode se manifestar fazendo comentários sobre a pessoa assim que ela entrar na sala. Ou fazer com que o líder saiba que o seu tempo também é valioso. Se o colega se atrasa habitualmente, o líder é quem deve falar com ele. O objetivo é demonstrar respeito por todos os participantes. A não ser que o atraso se deva a circunstâncias incontroláveis, as reuniões sempre devem começar na hora marcada, quer a pessoa esteja presente ou não.

Como fazer a abordagem certa

Aplique os seguintes princípios ao lidar com um atrasadinho:

- Não sofra em silêncio. Se o atraso de alguém afeta você ou seus clientes, fale sobre isso.
- Seja sensível a assuntos pessoais que podem causar o problema.
- Explique ao colega como os atrasos constantes afetam você.
- Certifique-se de que o atrasadinho entenda por que isso gera um impasse.

- Esteja preparado para oferecer uma solução viável que ajude a pessoa a chegar ao trabalho na hora certa.
- Ignore ou leve o assunto ao chefe se o problema persistir e continuar incomodando você.

COMO LIDAR COM GENTE QUE FALA ALTO

Becky já não aguentava mais. Sentia a pressão sanguínea aumentar enquanto seu colega de trabalho, Eric, falava com um cliente como se estivesse num túnel de vento. Becky tentava atender à reclamação de outro cliente pelo telefone, mas tinha dificuldade de isolar a voz de Eric. Para piorar, seu cliente comentou que não sabia como Becky conseguia se concentrar com todo aquele barulho. Becky respondeu que era mesmo difícil. Conseguiu levar o telefonema até o final e lançou um olhar furioso para Eric, que ignorou.

É difícil quando você é o azarado que trabalha perto de alguém que fala alto demais. Você tem dificuldade até mesmo de ouvir os próprios pensamentos, quanto mais atender quem está do outro lado da linha. Como acontece com Becky, a situação se complica quando os clientes ouvem a pessoa que fala alto e comentam sobre o caso. A voz viaja pelo ambiente de trabalho como se o empregado estivesse com um megafone. Além de falar alto, esse tipo de funcionário pode assobiar, mastigar, mexer-se ou respirar alto também. Resumindo: trabalhar perto de alguém que fala alto pode ser difícil para os ouvidos. E ele nem percebe, às vezes, o nível de decibéis da própria voz.

Dependendo do local de trabalho, você pode tentar usar protetores de ouvido ou uma máquina de ruído branco. Mas até que ponto essa abordagem é prática? Não muito, especialmente se você conversa com clientes ou precisa trocar ideias com colegas.

Encaremos os fatos: você precisa dos seus ouvidos. Assim, como lidar com alguém que fala alto? Lançar um olhar furioso em direção a ele pode funcionar. Talvez não. Dizer "shhh" talvez dê certo. Mas se você está perdendo as estribeiras e sente a pressão sanguínea aumentar sempre que a pessoa fala, ou assobia, ou mastiga, ou se mexe, ou respira, precisa se manifestar e enfrentar o problema. Mantenha o foco em você, em como você tem dificuldade de se concentrar e em como é difícil dar conta do trabalho. Se algum cliente fizer qualquer comentário, você também pode se ancorar nisso.

Mais tarde, naquele dia, quando Becky teve dificuldade de novo para ouvir um cliente, levantou-se, encarou Eric e sussurrou com os dentes trincados:

– Por favor, dá para falar mais baixo?

Eric a encarou com uma expressão chateada e balançou a mão, sugerindo que ela estava interferindo em sua capacidade de prestar atenção no que o cliente dizia. Becky decidiu que precisava chamar Eric num canto e conversar sobre o problema.

Primeiro passo: pense antes

Becky gostava de Eric, por isso não sabia o que dizer. Mas sabia que precisava se manifestar porque ele parecia não perceber como falava alto. Pensou num modo de comunicar sua insatisfação sem irritá-lo nem deixá-lo na defensiva. Ensaiou a conversa mentalmente e decidiu que estava pronta para o embate.

Segundo passo: procure compreender melhor

Becky esperou até que os dois não estivessem ao telefone e disse:

– Eric, você tem um minuto?

– Claro, Becky. O que é? – Eric deu um sorriso aberto. O

coração de Becky se encolheu, porque ela não se sentia bem com confrontos, especialmente com uma pessoa de quem gostava.

– Bom, é difícil dizer, Eric, mas você fala tão alto que tenho dificuldade de ouvir meus clientes. *Tem sido bem difícil me concentrar nos meus telefonemas* (**frase com "eu"**).

– O quê? Ninguém mais parece ter problema com o tom da minha voz – contrapôs Eric.

Becky explicou:

– Bom, alguns clientes meus têm, sim. Hoje mesmo uma cliente comentou que estava escutando você falar.

Eric ficou na defensiva.

– E alguns clientes meus provavelmente escutam você falar também. Nenhum dos nossos colegas parece se incomodar comigo.

Becky deu um sorriso sincero.

– Não conversei com nossos colegas sobre isso. *Eric, tenho certeza de que você não percebe como fala alto* (**compreensão**). *Mas às vezes tenho dificuldade de ouvir meus clientes por cima da sua voz. E, quando eles comentam que estão escutando você, sei que não sou só eu que estou sendo sensível demais* (**frase com "eu"**).

– Eu não sabia que falava tão alto – disse Eric.

Terceiro passo: defina o problema

Becky ficou aliviada porque Eric não parecia mais na defensiva.

– *Sei que você não fala alto de propósito* (**compreensão**). E espero que você entenda que, quando tenho dificuldade de ouvir meus clientes, isso me causa um transtorno.

Ele assentiu e sorriu.

– Entendo, e dá para ver quanto isso pode ser incômodo.

Quarto passo: ofereça a melhor solução

Becky continuou:
– Eu gostaria de encontrar uma solução que fosse boa para nós dois. Se nós tentássemos falar mais baixo, não teríamos dificuldade de ouvir os clientes. O que você acha? **(ajuste)**

Quinto passo: concordem com a resolução

Eric brincou:
– Desde que você prometa ficar mansinha, eu concordo.
Os dois riram.
– *Prometo* **(resolução)** – disse Becky. – *E sem mágoas, certo? É muito divertido trabalhar com você e não quero mudar isso* **(reconciliação)**.
– Eu sinto a mesma coisa!

Por que isso funciona

A reação indiferente de Eric, depois de Becky se levantar e sussurrar para que falasse baixo, fez com que ela percebesse que falar tão alto a ponto de atrapalhar a concentração de todos à volta não era algo de que ele se dava conta. Depois de pensar no melhor modo de ter uma conversa, Becky começou dizendo como era difícil até mesmo expor o problema para ele. E, então, disse que a voz alta dele estava afetando sua capacidade de ouvir os clientes. Pôde dar um exemplo concreto de uma cliente, algo que ajudou Eric a entender a situação. Apesar de Becky saber que não falava alto, ela se comprometeu e se incluiu na solução proposta, de que os dois falassem mais baixo, e Eric concordou imediatamente. Becky ficou feliz por ter tido coragem de se pronunciar e orgulhosa pelo modo como os dois solucionaram o conflito.

> **ALGO PARA PENSAR**
>
> Antes de confrontar uma pessoa que fala alto demais, certifique-se de que ela não tenha alguma deficiência auditiva. Se for o caso, seja sensível ao falar com ela. Talvez seja bom discutir a situação com seu chefe e não com o colega, e juntos decidirem o melhor modo de resolver a questão, para não provocar nenhum embaraço.

Como fazer a abordagem certa

Aplique os seguintes princípios ao lidar com alguém que fala alto demais:

- Considere que um funcionário que fala alto demais pode não perceber que está causando desconforto a quem convive com ele.
- Tente fazer a pessoa falar mais baixo, fazendo "shhh" quando ela interferir em sua capacidade de escutar os clientes.
- Converse com o colega se isso não funcionar (e talvez não funcione).
- Pense na melhor abordagem para usar com a pessoa e explique como é difícil se concentrar e ouvir quem está do outro lado da linha.
- Esteja preparado para citar exemplos, como um cliente que comentou sobre o barulho incômodo.
- Use tato ao falar com a pessoa, já que ela pode ficar na defensiva.
- Garanta ao colega que você é quem está com um problema a resolver, depois ofereça a melhor solução.

- Peça ao seu chefe para ser transferido para um lugar mais silencioso caso o impasse continue, mesmo porque você já conversou com o colega que fala alto demais.

COMO LIDAR COM UM MONOPOLIZADOR DE REUNIÕES

Ben lamentou baixinho ao pensar na programação da tarde. Como líder da equipe, ele comandava a reunião semanal dos funcionários, da qual tinha começado a sentir pavor porque sabia que Jason subiria em seu palanque e dominaria a conversa, como fazia sempre. Como consequência, as reuniões eram mais longas do que deveriam ser, e outros integrantes da equipe se recusavam a falar porque queriam que a reunião terminasse. Mas o que mais incomodou Ben foi que na última reunião alguém fez um comentário ofensivo, que levou Jason a responder com outra grosseria.

Os monopolizadores de reuniões nos dão vontade de dar alguma desculpa para fugir daquele encontro. Eles interrompem os outros, discutem interminavelmente sobre algum assunto, levantam questões que não são relevantes para o debate ou fazem perguntas demais. Essas pessoas adoram falar e ouvir a própria voz. Acreditam que qualquer coisa que tenham a dizer é muito importante, ainda que dominem a reunião, e mantêm os outros como reféns enquanto falam, falam e falam.

O fato é que as reuniões podem fazer parte de sua programação de trabalho, mas o seu tempo é valioso demais para que durem muito – especialmente se for em decorrência de um colega verborrágico e tagarela. Há alguns modos de lidar com alguém que monopoliza reuniões. Você pode começar se manifestando discretamente. Tente brincar dizendo algo como:

"Jason, está na hora de tomar um ar e deixar outra pessoa falar. De agora em diante, vinte palavras ou menos!" Todo mundo vai rir da "piada" e talvez o colega entenda que está ultrapassando o limite. E se ele não entender? Ou se ficar na defensiva, como aconteceu com Jason na última reunião? É função de quem comanda a reunião lidar com o problema. Se for você, é melhor enfrentar o monopolizador no início do próximo evento, antes que ele comece a falar.

Ben não queria uma repetição do diálogo grosseiro que tinha ocorrido na reunião anterior. Sabia que precisava dizer alguma coisa para mudar o comportamento de Jason.

Primeiro passo: pense antes

Ben decidiu que o melhor a fazer seria estabelecer algumas regras básicas no início da reunião. Achava importante falar sobre o que havia acontecido no encontro anterior. Não achou que existisse algum motivo para elaborar demais o fato com todos os participantes tentando entender melhor por que Jason monopolizava as reuniões, por isso planejou abrir a sua fala definindo o problema. Como havia ensaiado o que planejava dizer, falou de modo assertivo. Prestou atenção na própria linguagem corporal. Sentou-se ereto, fez contato visual com todos os integrantes da equipe enquanto falava e usou um tom de voz que denotava confiança.

Segundo passo: procure compreender melhor

Não é aplicável, como foi explicado no primeiro passo.

Terceiro passo: defina o problema

Ben agradeceu a presença da equipe, depois disse:

– Antes de começarmos, acho que precisamos falar do que aconteceu na semana passada. Jason, quero pedir desculpas se ofendemos você de algum modo. *Tenho certeza de que aquilo foi dito como uma piada e espero que você entenda isso* (**compreensão**). – E olhou direto para Jason ao falar. Depois, enquanto continuava, fez contato visual com cada pessoa presente: – *Precisamos respeitar uns aos outros, já que temos um tempo limitado para as reuniões. É importante que todos tenham a oportunidade de compartilhar ideias e não se sintam deixados de fora* (**frase com "eu"; no caso, "nós"**). Todos concordam que isso é importante?

Ben olhou para cada um dos presentes e só continuou quando todos assentiram ou verbalizaram concordância.

Quarto passo: ofereça a melhor solução

– *Depois da última reunião, pensei numa solução que tenho certeza de que vai funcionar. Quero que cada um de vocês tenha a chance de participar. Assim, de hoje em diante, gostaria que todos guardassem os comentários para quando eu terminar de apresentar cada ponto da agenda. Nessa hora, vou pedir a opinião de cada um. Mas eu também trouxe um cronômetro. Pensei num tempo realista e decidi que cada um de nós, inclusive eu, terá dois minutos para abordar cada item. Desse modo vamos permanecer na meta e terminar as reuniões a tempo. O que acham?* (**ajuste**)

Ben esperou a resposta, que foi positiva por parte de todos os integrantes da equipe. Depois olhou para Jason, que assentiu, concordando. E então Joe disse:

– Estou pensando em dois minutos para cada um de nós falar.

Em geral, somos dez pessoas em cada reunião. Se todos tivermos alguma coisa a dizer, cada item vai exigir vinte minutos. Acho que deveriam ser dois minutos para apresentar o item, mas um minuto para as opiniões.
– O que todo mundo acha de um minuto para responder? – perguntou Ben.
Depois de uma rápida discussão, os participantes concordaram que um minuto seria viável.

Quinto passo: concordem com a resolução

Então, Ben disse:
– Ótimo. Que bom que todos concordamos. Sei que essa abordagem vai funcionar e que vamos terminar as reuniões mais rapidamente (**resolução**).
A reunião terminou bem e a equipe pareceu gostar da ideia do cronômetro. Antes de encerrar a reunião, Ben disse:
– Quero agradecer a cada um de vocês por respeitar o tempo. Fico feliz porque pudemos resolver isso de modo respeitoso (**reconciliação**).

Por que isso funciona

Nessa situação não havia sentido em chamar Jason de lado para entender melhor por que ele estava monopolizando as reuniões. O problema afetava todos os participantes, por isso Ben decidiu que a melhor abordagem era abrir a reunião definindo o problema e depois oferecer um ajuste para estabelecer novas regras. Ao oferecer uma solução, todo mundo pôde discutir e chegar a uma concordância. Isso fez com que todos se sentissem valorizados. Como manteve a confiança, Ben ganhou respeito como um líder que não ignorava os atritos.

> **ALGO PARA PENSAR**
>
> E se você não for o líder da equipe? E se o líder da equipe não se manifestar? Se o tempo a mais dedicado às reuniões estiver começando a afetar sua produtividade e você tiver dificuldade de realizar seu trabalho, você precisa enfrentar o problema. Agora a questão é com quem comanda as reuniões, por isso fale e explique como a situação o afeta. Use os cinco passos para resolver o conflito. E esteja preparado para oferecer sugestões e discutir maneiras de solucionar o impasse.

Como fazer a abordagem certa

Aplique os seguintes princípios ao lidar com um monopolizador de reuniões:

- Se não é você quem comanda a reunião, tente fazer um comentário educado para que a pessoa saiba que você tem algo a dizer.
- Se esse colega monopoliza todas as reuniões, você pode tentar uma abordagem bem-humorada para que ele saiba que é hora de se calar.
- Se você é o líder da reunião, pode interromper com educação o monopolizador e dizer algo como: "É um bom argumento. Eu gostaria de saber o que as outras pessoas pensam sobre isso."
- Essa abordagem pode funcionar por pouco tempo e será melhor enfrentar o problema diretamente mais tarde.
- No início da próxima reunião, defina o problema. Os

- participantes devem concordar que estão entendendo o que acontece.
- Procure estabelecer regras básicas que limitem o tempo de cada pessoa falar nas reuniões.
- Todos os integrantes da reunião devem aceitar o ajuste e a solução proposta. Ou pode surgir uma discussão sobre alguma solução alternativa. É fundamental que todos concordem com a melhor solução.
- A concordância do monopolizador também é importante.
- Depois mantenha a sua posição. Se a pessoa tentar tomar o controle da reunião, lembre as regras básicas com as quais todos concordaram.

COMO LIDAR COM ALGUÉM QUE VIVE COMETENDO ERROS

Anna estava cansada de consertar os erros de Ryan. Apesar de bastante novo, ele recebera o mesmo treinamento que Anna quando ambos foram contratados, e ela não cometia tantos erros assim.

Como Anna, você pode se irritar de ter que contornar as trapalhadas dos outros, ainda mais se forem feitas pela mesma pessoa. Então, você precisa se perguntar: seu colega teve pouco treinamento ou está pouco motivado? Antes de encarar o problema e conversar com ele, analise a situação.

Seu colega é recém-contratado? Foi treinado adequadamente? Seu chefe o acompanhou para garantir que ele está fazendo o trabalho do modo correto? Se você descobrir que esse funcionário precisa de mais treinamento, pode se oferecer para atuar como orientador. Diga a ele que você entende como é não se sentir tão confortável com as obrigações do trabalho e que teria prazer em responder a qualquer pergunta que ele tivesse.

Mas suponha que a pessoa tenha sido treinada. Ela teve a mesma preparação que você. Deveria conhecer o serviço tão bem quanto você, mas continua cometendo erros. Depois de pensar na situação, você conclui que ela parece confusa. Será que aconteceu algo na vida dela recentemente? Será que está estressada demais por causa de responsabilidades domésticas? Ou será que não se sente comprometida com o trabalho? Ao tirar um tempo para descobrir o que está acontecendo com ela, você pode obter alguma informação que ajude a direcionar a conversa.

Anna não sabia muito sobre a personalidade de Ryan, por isso não podia tirar nenhuma conclusão que ajudasse a determinar se ele precisava de mais treinamento ou se simplesmente não se importava com tantas falhas.

Primeiro passo: pense antes

Anna decidiu que estava na hora de falar sobre a tendência de Ryan em errar. Mas, antes de procurá-lo, parou para analisar a situação. Como não sabia o suficiente para determinar a causa dos deslizes, precisava se informar sobre os motivos que levavam o colega a tantos equívocos. Anna esperou um momento em que estivessem sozinhos para abordar Ryan.

Segundo passo: procure compreender melhor

Na volta do almoço, Anna disse:

– Gostaria de falar com você sobre algo que vem me importunando. *Quero que você saiba que eu entendo como é ser um funcionário novo e se sentir fora da zona de conforto* (**compreensão**). *O que eu queria dizer é que nesta semana corrigi três erros que você cometeu em pedidos, e isso me obrigou a retardar meu* trabalho. Neste momento, estou me sentindo meio sobrecarregada (**frase com "eu"**).

Ela deu um sorriso simpático, fez contato visual e demonstrou neutralidade com a expressão facial.

– Puxa, me desculpe – disse Ryan, sem graça.

– Não precisa se desculpar. *Eu só queria conversar para ver se a gente descobre o que está acontecendo e ver se eu posso ajudar* (**ajuste**). Todos os erros tinham a ver com designar os códigos de despacho corretos.

– Admito que estou tendo dificuldade com isso – disse Ryan.
– São muitos códigos para lembrar, e demora demais para procurar todos eles no computador, por isso estou tentando fazer de memória. Acho que é o jeito errado.

Terceiro passo: defina o problema

Anna assentiu para demonstrar que entendia, e disse:

– Então, o que está acontecendo é que você está tentando se lembrar de todos eles, o que pode ser quase impossível. *Eu me senti exatamente assim no início. Achava que nunca iria aprender. Mas com o tempo aprendi a maior parte dos códigos. E isso também vai acontecer com você* (**compreensão**).

Ryan assentiu, concordando.

Quarto passo: ofereça a melhor solução

– Que tal isso? – continuou ela. – *Eu posso fazer uma folha de referência com os códigos mais comuns* (**ajuste**). Você pode manter a ficha à mão e só vai precisar olhar no computador os que não são muito usados. Até eu preciso fazer isso às vezes.

Os dois riram.

Quinto passo: concordem com a resolução

– Uau! Seria uma tremenda ajuda – disse Ryan. – Ainda bem que você falou comigo, em vez de procurar o chefe.

– *Claro! Fico feliz de oferecer algo que ajude* (**resolução**). Como eu disse, *entendo como é ser novo na casa* (**compreensão**). Se você tiver mais alguma pergunta, não deixe de me procurar. *Você vai pegar o jeito num instante. Estou contente de ajudar você a se sentir mais confortável aqui* (**reconciliação**).

Por que isso funciona

Anna não queria continuar consertando os erros de Ryan, mas antes de confrontá-lo parou para pensar na situação pelo ponto de vista dele. Isso a ajudou a sentir empatia por um funcionário novo. Durante a conversa, ela demonstrou que se importava com Ryan mediante sua linguagem corporal e suas expressões faciais. Falou de modo direto, citando os tipos específicos de erros que precisou corrigir. Anna mostrou que estava interessada em descobrir o que vinha provocando os erros. Quando Ryan disse que tentava trabalhar de memória, ela sugeriu um ajuste, oferecendo-se para fazer uma folha de referência rápida para ele. Ryan gostou de ela não ter ido direto ao chefe. Como Anna demonstrou que se importava e era digna de confiança, os dois vão desenvolver um bom relacionamento profissional.

ALGO PARA PENSAR

Essa situação teve um final positivo porque Ryan foi receptivo à conversa. Mas o que pode aconte- cer se o colega se mostrar na defensiva quando

> você mencionar que precisou corrigir vários problemas? Nesse caso, mantenha a calma. Garanta que você está tentando solucionar a situação. Forneça detalhes sobre os erros. Pode ser bom lembrar ao colega que você foi diretamente a ele, e não ao chefe. "Olha, eu não passei por cima de você. *Vim conversar para descobrirmos juntos o que está acontecendo e como podemos impedir que se repita no futuro* **(ajuste).**" Se tudo der certo, seu colega vai se acalmar o suficiente para discutir o problema e você poderá dar os cinco passos para solucionar o conflito. Mas, se o colega continuar na defensiva e se recusar a discuti-lo, leve o erro ao seu chefe na próxima vez que acontecer. Só se certifique de documentar todo o processo quando fizer isso.

Como fazer a abordagem certa

Aplique os seguintes princípios ao lidar com uma pessoa que comete muitos erros:

- Não confronte o colega antes de analisar o que está provocando o problema.
- Seja específico e forneça exemplos dos erros que você corrigiu.
- Faça perguntas para entender melhor o contexto, se necessário.
- Definam juntos o problema.
- Ofereça-se para mostrar o procedimento correto se você

descobrir que é uma falha de treinamento. Se a pessoa for nova no trabalho, você pode orientá-la.
- Aborde o problema com o colega e explique como os erros afetam você se achar que são causados por falta de motivação. Dê ao colega a chance de se explicar. Tente alcançar um ajuste. Se não der certo, procure a ajuda do seu chefe e esteja preparado para fornecer os dados específicos.

COMO LIDAR COM UMA PESSOA NEGATIVA

Susan evitava Mike a todo custo. Mike era um adepto do negativismo. E Susan, uma pessoa positiva, não suportava ouvi-lo reclamar de tudo. Sempre que o via no corredor, ela simulava uma conversa no celular. Sempre que ele ia na direção de sua estação de trabalho, ela não tinha dúvida: pegava o telefone e fingia fazer uma ligação. Mesmo assim, Mike conseguia encurralar Susan sempre que ela não o percebia chegando. E quando ele começava a reclamar, não havia como desligar o interruptor. Susan tinha percebido que fazer comentários positivos não provocava nenhum efeito nele, por isso parou de tentar fazer com que Mike enxergasse as coisas a partir de uma perspectiva mais otimista. Ser negativo era algo tão entranhado na personalidade de Mike que só ele parecia não compreender isso.

Pessoas negativas tendem a colocar você sempre para baixo. E raramente – é provável que nunca – você conseguirá animá-las. Como Mike, alguns indivíduos têm o gene da negatividade: assim que abrem a boca, sai algo pessimista ou depressivo. Para essas pessoas há sempre um fato errado. E, para uma pessoa positiva, essa atitude se torna bastante cansativa. A verdade é que é difícil ficar ao lado de pessoas negativas, sobretudo se você enxerga um mundo cor-de-rosa.

Talvez você tenha tentado sem sucesso animar um colega negativo e levá-lo a enxergar a situação a partir de sua perspectiva positiva. Ou tenha se contraposto à falação negativa com uma reação otimista. É quase certo que você tenha sido recebido com mais negatividade ainda. Portanto, não faça a pessoa enxergar o mundo segundo seu ponto de vista. Assim como para você é difícil entender a negatividade, para a pessoa adepta do negativismo é igualmente difícil enxergar seu otimismo. O melhor modo de lidar com ela é, como Susan, evitar o convívio a todo custo. Mas você sabe que isso pode ser impossível quando o negativista é um colega com quem você interage diariamente. Se não conseguir aprender a ignorar o negativismo, converse com a pessoa. Diga como a negatividade afeta você. Esteja preparado para dar exemplos específicos. Demonstre empatia pela pessoa, mas deixe claro que a negatividade põe você para baixo e que você não está mais disposto a ouvir esse tipo de comentário.

Susan já estava farta da negatividade de Mike, por isso decidiu dizer que não ouviria mais de boa vontade suas reclamações constantes.

Primeiro passo: pense antes

Susan queria conduzir a conversa com Mike da melhor maneira e sem irritá-lo. Sua intenção era que Mike entendesse como a negatividade dele a afetava. Além disso, Susan queria deixar claro que não queria mais ouvir as reclamações do colega.

Segundo passo: procure compreender melhor

Quando Mike chegou à sua estação de trabalho, Susan não fingiu que estava ao telefone. Em vez disso, sentou-se com as costas eretas e fez contato visual. Quando ele começou a falação negativa, ela disse:

– Desculpe, Mike, mas há uma coisa que eu preciso dizer. *Sempre que você se dirige a mim é para reclamar de algo, e isso está me incomodando de verdade. Todo esse queixume me deixa deprimida* (**frase com "eu"**).

Mike respondeu:

– Uau! Que negócio é esse?!

Susan percebeu que ele havia recebido seu comentário do modo errado, por isso suavizou a abordagem.

– Olha, Mike, eu gosto de você. Gosto de trabalhar com você. *E entendo que você preferiria que algumas coisas mudassem aqui* (**compreensão**). *Eu também seria a favor de que houvesse algumas mudanças. Mas não creio que ficar reclamando vai melhorar o dia a dia. Na verdade, para mim a reclamação piora tudo, porque fico mais concentrada no que está errado do que no que está certo. E existem muitas coisas que estão certas* (**frase com "eu"**).

Mike contrapôs:

– É, concordo com você. Mas há muita coisa que me incomoda.

Terceiro passo: defina o problema

Susan estava preparada para a reação negativa e aproveitou a oportunidade para definir o problema.

– Então você acha que reclamar sobre elas vai provocar alguma mudança?

– Não, mas quando algo me incomoda preciso pôr para fora.

– Certo. Você precisa pôr para fora, e é por isso que reclama comigo?

Mike deu de ombros. Susan ficou em silêncio, olhou para ele e esperou que ele externasse alguma ideia para demonstrar que

entendia do que se tratava. Depois de um silêncio desconfortável, ele disse:
– Acho que sim. Não gosto de manter tudo trancado dentro de mim.
Susan não recuou:
– Mas você percebe como toda essa negatividade me afeta?
– Você deixou claro. Desculpe se fui baixo-astral.

Quarto passo: ofereça a melhor solução

Susan continuou a manter uma postura confiante e fez contato visual enquanto falava:
– *Como eu disse, entendo sua situação* (**compreensão**). *E fico feliz porque você compreende que não quero preencher meu dia com negatividade. Será que podemos concordar em manter nossas conversas em assuntos neutros?* (**ajuste**)
Susan sorriu para Mike e lançou um olhar compreensivo.

Quinto passo: concordem com a resolução

Mike sorriu e assentiu.
– Claro.
Susan acrescentou:
– *Que bom que a gente concorda* (**resolução**). *Minha visão sobre o trabalho é que eu preciso ficar aqui oito horas por dia e devo manter o bom humor; caso contrário, vou para casa mal-humorada todas as noites. Obrigada por compreender meu ponto de vista* (**reconciliação**).

Por que isso funciona

Para Susan, foi uma conversa difícil porque ela sabia que Mike não mudaria sua personalidade e, portanto, ele não veria subitamente o mundo mais positivo. Mas ela também não estava disposta a deixar que ele a pusesse para baixo sempre que conversavam. Por isso, decidiu dizer a Mike, com objetividade, que não queria mais ouvir suas reclamações, mas gostaria de dizer isso de modo que não o ofendesse nem o deixasse com raiva. Susan manteve uma postura confiante e fez contato visual enquanto falava. Disse a Mike que a negatividade dele a deixava deprimida, conseguiu definir o problema e o levou a admitir que não gostava de guardar seus sentimentos. Quando ela reiterou que não estava disposta a ouvir toda aquela negatividade e ofereceu um ajuste para manter as conversas em temas neutros, Mike não teve outra opção senão concordar. E Susan completou com frases de resolução e reconciliação.

Como fazer a abordagem certa

Aplique os seguintes princípios ao lidar com uma pessoa negativa:

- Ignore a negatividade. Pode ser a melhor atitude a tomar.
- Não tente animar a pessoa. Não vai dar certo.
- Não permita que uma pessoa negativa afete seu modo de pensar e agir.
- Evite o convívio com o colega negativo a todo custo.
- Faça pausas e almoce em horários diferentes dos da pessoa, o que pode evitar que vocês conversem.
- Converse com o colega se você não conseguir evitar a aproximação.
- Diga à pessoa, de modo confiante, que não está disposto a ouvir todas aquelas reclamações.
- Esteja preparado para citar exemplos se a pessoa negar que vive reclamando.

- Certifique-se de que a pessoa entenda como a negatividade dela o afeta, e isso a ajudará a entender que isso causa um problema para você.
- Ofereça um ajuste dizendo, de modo assertivo, que quer manter as conversas em temas neutros.
- Demonstre empatia pelo colega, mas deixe claro que você não se dispõe a ouvir sempre as reclamações.

COMO LIDAR COM UMA PESSOA COM MÁ HIGIENE PESSOAL

Vanessa tem mau hálito. Em alguns dias, seu hálito é tão ruim que os colegas morrem de medo de ficar perto dela. Claire não tem muita opção, já que ocupa a mesa ao lado da de Vanessa. Claire tentou ficar de frente para o outro lado, para manter distância ao falar com Vanessa, ligou um pequeno ventilador virado na direção de Vanessa, borrifou desodorizador de ambiente, mas a colega não captou a mensagem. Claire gosta de Vanessa e não sabe como abordar o assunto. Não quer magoá-la, por isso mantém distância.

A má higiene pessoal é um transtorno no ambiente de trabalho. Se a pessoa usa roupas desgrenhadas ou manchadas, se tem cabelo oleoso ou unhas sujas, pode ser melhor deixar seu chefe lidar com isso. Mas, quando o problema afeta você, por que suportar? Se for causado por um cheiro ruim, como mau hálito, odor corporal ou perfume em excesso, e você não se dispõe a suportar o odor ofensivo, é melhor deixar claro o que sente.

Este é o tema mais sensível de ser abordado, porque você está falando da higiene pessoal de alguém. Ainda que você aprenda a abordar o assunto com certo tato, se não estiver confiante para conversar com a pessoa, talvez seja melhor falar com seu chefe e deixar que ele cuide da situação. Se você decide que está em condições de manter o diálogo, não faça parecer que é grande coisa. Declare, com cautela, o que você percebeu e demonstre respeito se a pessoa ficar sem graça ou na defensiva.

Na manhã seguinte, Claire notou que um colega de trabalho colocou um frasco de antisséptico bucal na mesa de Vanessa e depois riu junto com os outros. Claire retirou o frasco antes que Vanessa visse. Pensou em falar com o chefe a respeito, mas achou que, se a situação fosse invertida, preferiria ouvir de um colega, e não de um superior.

Primeiro passo: pense antes

Claire pensou em como lidar com a situação e se sentiu tão desconfortável que quase se convenceu a não ter a conversa. Mas vivia chegando à mesma conclusão: se o caso fosse invertido, gostaria de ficar sabendo, especialmente se algum colega estivesse rindo pelas suas costas. Por isso, decidiu ir fundo e falar com Vanessa, mas queria ter a conversa de modo muito sensível e atencioso.

Segundo passo: procure compreender melhor

Quando estavam indo para o carro depois do trabalho, Claire decidiu que era uma boa hora de tocar no assunto espinhoso.

– Vanessa, essa é uma situação muito difícil para mim, mas ultimamente notei um odor vindo de você, que tenho certeza de que você não percebe. Acho que pode ser o seu hálito. *Estou preocupada com o impacto que isso pode causar em nossos colegas e clientes, e está me afetando* **(frase com "eu")**. *Espero que você entenda que estou falando como amiga. Se a situação fosse ao inverso, eu preferiria saber por você do que por outra pessoa* **(compreensão)**.

Vanessa pareceu mortificada.
- Estou tão sem graça! Eu não fazia ideia.
- *Espero que você perceba que estou dizendo isso porque gosto de você* (**compreensão**). Preferiria não ter essa conversa, mas, depois de pensar muito, no seu lugar eu gostaria que alguém me dissesse o que está acontecendo.
- Ah, sim - disse Vanessa. - Concordo. Eu tenho um dente que está me incomodando e marquei consulta no dentista para a semana que vem. Acho que o motivo pode ser esse.

Terceiro passo: defina o problema

Claire assentiu, mantendo uma expressão de interesse.
- Se você está com um dente inflamado, pode ser esse o problema. - Claire sentiu que as duas concordavam com a causa do odor, por isso deu o próximo passo.

Quarto passo: ofereça a melhor solução

- *Tenho certeza de que seu dentista vai descobrir o que está provocando isso* (**resolução**) - disse Claire.
Sentiu-se aliviada por Vanessa não ter ficado na defensiva. Não tinha oferecido um ajuste, mas não achou que fosse necessário. Reforçou a resolução de que Vanessa tinha uma consulta com o dentista e achou que não precisava prolongar esse passo da conversa.

Quinto passo: concordem com a resolução

Vanessa abraçou Claire e cobriu a boca ao falar.
- Fico contente por você ter falado comigo.
- *Eu também* - disse Claire. - *Gosto de você, e apesar de ter*

sido muito difícil para mim, achei melhor conversar a respeito. Gostaria que alguém me alertasse se eu tivesse um problema sem perceber (**reconciliação**).

Por que isso funciona

Confrontar alguém para falar sobre um problema de higiene pessoal é bem complicado. Mas falar com Vanessa foi uma solução muito mais respeitosa do que assumir uma postura passivo-agressiva, como colocar anonimamente um antisséptico bucal na mesa dela. Claire abordou a situação com bastante tato e educação. Não deu importância demais, mas disse honestamente o que havia notado e declarou que o cheiro a afetava. Quando Vanessa se mostrou sem graça, Claire ofereceu apoio. Como Claire deixou evidente que estava falando com Vanessa porque se preocupava com o que vinha acontecendo, as duas puderam continuar com a conversa, com Claire garantindo que a ida ao dentista na semana seguinte daria bom resultado.

Como fazer a abordagem certa

Aplique os seguintes princípios ao lidar com uma pessoa que tenha má higiene pessoal:

- Se o problema se deve à aparência da pessoa e não afeta você, ignore-o.
- Se o impasse for causado por um cheiro desagradável, como odor corporal, mau hálito ou perfume demais, a melhor alternativa é falar diretamente com a pessoa – caso você se sinta confortável em ter essa conversa.
- Se você está pouco à vontade para falar com o colega, não deixe de levar a questão à chefia.

- Se você decidir conversar com o colega, prepare-se para vê-lo ficar sem graça ou na defensiva.
- Se você permanecer calmo e oferecer apoio, a pessoa em questão vai perceber que você está falando claramente porque se preocupa com ela.
- Se você achar que o problema afeta todos os outros, tente fazer com que o colega se responsabilize pela solução.
- Se o colega se mostrar receptivo, dê uma sugestão que possa aliviar o impasse.
- Se no final da conversa você oferecer uma frase de reconciliação, a pessoa vai perceber que você se importa com ela.

COMO LIDAR COM ALGUÉM QUE INVADE O ESPAÇO PESSOAL DOS OUTROS

Bob se encolhia sempre que Stan se aproximava, porque ele chegava tão perto a ponto de deixá-lo desconfortável. Hoje de manhã, quando Bob estava ao telefone com um cliente, Stan se curvou sobre ele, esperando que desse por encerrada a conversa. Bob ficou tão irritado que perdeu o fio do pensamento e precisou pedir ao cliente um minuto e perguntar a Stan o que ele queria. Bob já estava farto das invasões de seu espaço pessoal por parte de Stan, mas não sabia como abordar o assunto.

Todos nós temos um certo nível de conforto quando se trata de proximidade e espaço pessoal. Ficar a cerca de 60 centímetros de alguém costuma ser considerado uma distância segura, mas algumas pessoas parecem não entender essa regra. Mantêm-se perto demais, grudam em seu rosto, se curvam sobre você quando está sentado. Simplesmente não têm ideia de limites de proximidade. O toque pode ser outra forma de invasão do espaço pessoal; há quem não suporte ser tocado pelos outros. Dar tapinhas na mão de alguém, passar o braço em volta dos ombros ou qualquer outra forma de toque feito para incrementar a conversa pode ter significado ofensivo para o receptor.

Se você percebe que a pessoa com quem fala recua constantemente ou se inclina para longe, você provavelmente está invadindo o espaço pessoal dela e precisa se afastar um pouco. Preste atenção na linguagem corporal dos outros e tenha cuidado para não invadir o espaço de ninguém. E mantenha sempre as mãos junto ao corpo.

Bob dava passos para trás quando Stan chegava perto demais, mas Stan não captava a mensagem. Bob gostava de Stan e se sentia desconfortável em pedir a ele que se afastasse.

Primeiro passo: pense antes

Bob decidiu que o melhor modo de falar com Stan era fazendo piada. Achou que tomando esse tipo de atitude não ofenderia Stan nem iria magoá-lo. A proximidade era algo confortável para Stan. Para Bob, não.

Segundo passo: procure compreender melhor

A próxima vez que Stan invadiu o seu espaço físico, Bob disse:

– Ei, Stan, é melhor recuar um pouco. Eu comi alho no almoço.

Ele segurou a mão por cima da boca e balançou a outra, como se tentasse se livrar do cheiro. Bob percebeu que essa era uma solução temporária e decidiu logo que a melhor abordagem era ser honesto. Não poderia fingir que havia comido alho sempre que Stan chegasse perto demais. Por isso acrescentou:

– Na verdade eu não comi alho no almoço. *O fato é que eu não me sinto confortável por ficar tão perto de outra pessoa* (**frase com "eu"**). – Depois fez um gesto amplo com o braço e riu. – Parece

que tenho um campo de força invisível, mais ou menos do comprimento de um braço.
– Puxa, não percebi que estava fazendo isso – disse Stan.
– *Ah, eu sei. Você não se importa de chegar tão perto das pessoas como eu me importo* (**compreensão**).
– Desculpe, Bob – disse Stan, muito sem graça.

Terceiro passo: defina o problema

Bob se sentiu mal, já que Stan parecia não saber que estava invadindo seu espaço físico.
– Não precisa se desculpar. O problema é meu, não seu. Só espero que você entenda como eu me sinto.
– Ah, claro – disse Stan.

Quarto passo: ofereça a melhor solução

Então, Bob acrescentou:
– *Gostaria que você ficasse um pouquinho mais longe de mim. Isso vai me deixar muito mais confortável* (**ajuste, frase com "eu"**). – O comentário de Bob foi feito de modo brincalhão, para que Stan soubesse que ele estava assumindo a responsabilidade por ter um problema com pessoas muito próximas a seu corpo.
Stan riu junto com ele, mas depois ficou sério.
– Alguém disse alguma coisa?
Bob balançou a cabeça.
– Não, nunca falei disso com ninguém. Ei, todos nós temos níveis de conforto diferentes, por isso talvez eu seja o único que precise de mais espaço. *Não quero ofender você, mas achei importante deixar claro que não gosto de tanta proximidade assim. Espero que você compreenda* (**ajuste**).

Quinto passo: concordem com a resolução

Stan assentiu.

– Claro! Vou prestar mais atenção e manter um pouco mais de distância entre nós.

Bob riu e acrescentou:

– *Fico contente por conversarmos sobre isso. E obrigado por entender* (**resolução, reconciliação**).

Por que isso funciona

Esse é um assunto difícil de ser abordado, porque o invasor de espaço não está deliberadamente fazendo nada para incomodar você. Algumas pessoas se sentem mais confortáveis em ficar perto das outras. Como Stan não entendia a mensagem quando Bob recuava e se afastava dele, Bob fez a coisa certa ao puxar o assunto incômodo. Bob gostava de Stan, mas quando fez a piada sobre o alho percebeu logo que essa não era a abordagem correta. Por isso, falou do problema de forma direta e honesta. Ao assumir a responsabilidade por não se sentir confortável com a proximidade, Bob não deixou Stan sem graça, e os dois puderam encerrar a conversa num tom positivo.

Como fazer a abordagem certa

Aplique os seguintes princípios ao lidar com alguém que invade o espaço pessoal dos outros:

- Se você recuar, os invasores de espaço podem perceber que estão perto demais.
- Se alguém lhe der um tapinha na mão, puxe-a de volta lentamente. Isso dará o recado de que o toque não é desejado.

- Se alguém abraçar ou passar o braço em volta de seus ombros, você deve recuar para transmitir uma mensagem clara de que não está gostando daquilo.
- Se essas medidas não funcionarem e a pessoa continuar invadindo seu espaço físico, você precisará se manifestar ou, em última instância, aceitar a proximidade.
- Se você decidir dizer algo a respeito, assumir a responsabilidade pelo incômodo pode ser a melhor tática para passar a sua mensagem e não embaraçar o outro.
- Se você brincar sobre a necessidade que tem de manter distância, pode aliviar o embaraço da outra pessoa.
- Se você oferecer um ajuste, peça a concordância da pessoa envolvida no caso.
- Se você encerrar a conversa num tom positivo, fazendo piada ou não, agradeça ao colega pela compreensão.

COMO LIDAR COM UM MALANDRO

Lydia e Tom trabalham juntos há três meses. Ele se transferiu de outro escritório e, apesar de ser tão experiente quanto ela, não vem fazendo um volume igual de serviço. Ele tem uma personalidade tão divertida que, a princípio, Lydia não se incomodou de realizar o trabalho extra. Mas ultimamente ela está aborrecida por fazer mais do que a sua parte.

Você trabalha com alguém que sempre consegue voar abaixo do radar? Se for assim, seu colega é um malandro. O maior problema ao lidar com esse tipo de gente é que em geral são pessoas agradáveis. São fáceis de se relacionar e divertidas. Faz parte do charme delas. Mas, fora isso, têm uma capacidade de evitar o trabalho e a responsabilidade que lhes cabe. Parecem trabalhar quando, na verdade, não estão fazendo nada construtivo. São pessoas que não se oferecem para participar de projetos e depois arranjam boas desculpas para evitá-los. Também são muito boas em convencer os outros de que estão fazendo a sua parte.

Os malandros podem enganar até os chefes. Podem achar que são inteligentes, mas para lidar com esse tipo de funcionário você precisará ser mais inteligente ainda. Quando o chefe pedir voluntários para mais um projeto, você pode sugerir que a equipe discuta os projetos atuais de modo que todo mundo saiba quem está em condições de pegar outro. Esse é um modo ótimo de fazer o malandro se revelar. Quando todo mundo declarar o que já está fazendo e o malandro não conseguir reivindicar o crédito pela mesma quantidade de trabalho, ficará claro quem deve entrar num novo projeto.

Mas, se você não tem oportunidade de fazer o malandro assumir a responsabilidade e está se incomodando por fazer mais que a sua parte justa, terá que confrontá-lo com objetividade. Não espere, no entanto, que seu colega admita e mude logo de comportamento. Você pode esperar, isso sim, que o malandro fuja, se desvie ou escorregue para longe da conversa. Você precisará planejar como quer confrontar a pessoa, ter dados concretos para apresentar e depois se manter firme ao discutir a situação. Lembre-se de que pessoas que voam abaixo do radar são muito boas no que fazem.

Lydia brincou com Tom sobre o fato de ele ter uma carga menor de trabalho, mas até agora ele continua folheando papéis em sua mesa e olhando para o computador. Ela começou a suspeitar que ele estava olhando sempre para a mesma tela. Como eles formam uma dupla, Lydia decidiu que era hora de falar com Tom sobre o problema.

Primeiro passo: pense antes

O grande inconveniente era que eles haviam se tornado amigos íntimos, inclusive socializando fora do escritório. Lydia não sabia como dizer a Tom que estava mais do que na hora de ele se incumbir de sua parte do trabalho, embora ela tivesse certeza de que era isso que precisava fazer. Não queria comprometer a amizade dos dois, mas estava começando a se sentir usada. Passou até mesmo a pôr na balança quanto a sua amizade significava para ele, e se ele achava o próprio comportamento aceitável. Depois de pensar em como gostaria de levar a conversa adiante, Lydia sentiu-se confiante para confrontar Tom.

Segundo passo: procure compreender melhor

– Ei, Tom, tem uma coisa me incomodando e é hora de a gente conversar.
– Claro, Lydia, o que está acontecendo? – disse Tom, parecendo preocupado.
– Bom, não sei como dizer isso de outro modo, a não ser sendo direta. *Francamente, eu estou fazendo a maior parte do trabalho, e isso não é justo. Eu não havia falado sobre isso porque não queria que nada afetasse a nossa amizade, mas estou me sentindo um tanto usada* (**frase com "eu"**).

Lydia teve dificuldade de manter o contato visual, mas, sempre que descobria que seus olhos estavam se desviando do foco, voltava a olhar para Tom. Ela parecia preocupada, e era exatamente assim que se sentia.

Tom pareceu chocado e disse:
– Epa, espera um minuto! Por que você está dizendo isso? Dá para ver que eu estou trabalhando tanto quanto você.
– *É, dá para ver que você está trabalhando* (**compreensão**) –

disse Lydia. – Mas eu tenho os relatórios de produtividade dos últimos três meses na minha mesa e estou finalizando quase o dobro dos pedidos que você concluiu. Posso lhe mostrar o relatório.
– Eu não sabia que não estava fazendo a minha parte – disse Tom, parecendo incomodado e um pouco irritado.

Terceiro passo: defina o problema

Lydia mostrou o relatório e falou baixo, esperando acalmar Tom:
– Tom, não estou falando para chatear você. Pelo que percebo, você achou que estava fazendo sua parte do trabalho.
– Claro que achei – respondeu Tom, inflexível. – Até agora.
– Então, pelo relatório, você pode ver que não estava.
– É, os números não mentem. Achei que estava fazendo mais do que tenho feito de fato.

Quarto passo: ofereça a melhor solução

Por um momento, Lydia quis encerrar logo a conversa, achando que tudo ficaria bem. Mas se lembrou de que, a não ser que os dois concordassem com uma solução, ele poderia não mudar o comportamento e ela acabaria ficando mais chateada ainda. Continuou:
– Olha, Tom, eu valorizo nossa amizade, mas também valorizo nosso relacionamento profissional. Eu gostaria que nós dois fizéssemos uma parte igual do trabalho. *Tenho uma proposta que acho que vai ser justa. Que tal a gente dividir os pedidos diários de manhã cedo, em vez de ir pegando na pilha durante o dia? Assim, nós dois saberemos o que vamos encarar a cada dia e, se algum de nós se atrasar, o outro pode ajudar* **(ajuste)**.

Quinto passo: concordem com a resolução

– Acho que vai funcionar desse modo – concordou Tom, relutante.

Para Lydia estava claro que Tom não tinha se empolgado com o arranjo, mas, como ele havia concordado, ela não recuou.

– Ótimo! – disse. – *Fico contente por resolvermos isso* (**resolução**). *Não queria que nada atrapalhasse a nossa amizade, nem dentro nem fora do trabalho* (**reconciliação**).

Por que isso funciona

Confrontar um malandro é difícil quando a pessoa é agradável. Mais difícil ainda quando os colegas são amigos, como Lydia e Tom. Durante a conversa, Lydia quase recuou, mas se sentiu vitoriosa por não ter agido assim. Isso só iria chateá-la ainda mais, porque nada teria mudado. Lydia sabia que precisava se manter firme, por isso apresentou fatos concretos para apoiar sua afirmação de que estava fazendo o dobro do serviço. Propôs uma solução. E quando Tom aceitou, relutante, ela aproveitou o momento para fazer com que ele concordasse com a resolução. Lydia terá que monitorar a carga de trabalho de Tom, porque os malandros não gostam da ideia de ter que fazer sua parte do serviço, mas como ele concordou com a solução será mais fácil para ela ficar de olho na carga de trabalho dali em diante.

Como fazer a abordagem certa

Aplique os seguintes princípios ao lidar com um malandro:

- Não caia na tentação de deixar para lá só porque você gosta do malandro e quer acreditar que tudo vai ficar bem.

- Concentre-se na quantidade de trabalho que cada membro da equipe está fazendo.
- Não tente envergonhar ou instigar o malandro a fazer mais trabalho. Essas pessoas são mestres da evasão e não se envergonham com facilidade.
- Fale com o malandro sobre as inconsistências de produção.
- Ensaie a conversa mentalmente. Prepare-se para quando o malandro não assumir a responsabilidade. Essa pessoa não muda facilmente.
- Fique firme, sobretudo se gostar do malandro. Declare que você aprecia a amizade, mas que também valoriza o relacionamento profissional.
- Apresente fatos concretos que apoiem sua reivindicação.
- Ofereça um ajuste.
- Aproveite quando o malandro morder a isca, mesmo que relutantemente. Agradeça a ele por concordar com sua proposta.
- Continue a monitorar a situação para garantir que a carga de trabalho seja dividida de modo justo.
- Envolva seu chefe caso a solução não dê certo.

COMO LIDAR COM UMA PESSOA QUE REVELA INFORMAÇÕES DEMAIS SOBRE SI MESMA

Paige gosta de trabalhar com seus colegas... menos com Allie, extrovertida e sociável a ponto de dar informações demais sobre si mesma. Paige perguntou aos colegas o que acham de Allie, e a maioria concorda que não precisa ouvir cada detalhe minúsculo da vida dela. Mas duas pessoas da equipe encorajam Allie a contar o que acontece em sua vida amorosa e depois zombam dela pelas costas. Paige se sente desconfortável sabendo que a incentivam com o objetivo de rir dela depois. Paige tem até saído de perto quando Allie começa a falar.

As pessoas que revelam muitas, e desnecessárias, informações pessoais são em geral inofensivas. São pessoas sociáveis, amistosas, que não parecem entender que existe um limite tênue entre dizer o suficiente para ter uma conversa interessante e revelar detalhes demais sobre a vida pessoal. Ainda que a maioria dos colegas de trabalho se sinta incomodada ao ouvir detalhes particulares da vida de alguém, como no caso de Allie, há quem estimule esse tipo de pessoa a contar mais do que deve para depois fazer chacota dela.

Em um ambiente de trabalho você deve se manter alheio a esse tipo de comportamento. Quando a pessoa começar a falar, você pode tentar, em tom de brincadeira, tapar os ouvidos e dizer "Informação demais!". Mas, se nem mesmo essa atitude impedir o colega de continuar contando suas proezas pessoais, faça a coisa certa. Chame-o de lado e tenha uma conversa sincera. Diga que um limite foi ultrapassado e que você não se sente bem em ouvir todos aqueles detalhes.

Se você percebe que talvez esteja revelando demais sobre sua vida pessoal, aceite este conselho: pare! Lembre-se de que, no trabalho, você deve sempre manter um nível de decoro e profissionalismo. Pense antes de falar e só conte o que você contaria à sua mãe... a uma criança... ou a um estranho.

Paige não era puritana, mas achava que o comportamento dos colegas e o de Allie estavam começando a incomodá-la. Quer estivessem encorajando Allie a lhes contar sobre sua vida amorosa, quer estivessem zombando dela pelas costas, nenhum deles estava se comportando de modo profissional. Pensou em como lidar com a situação e decidiu que a melhor abordagem seria falar com Allie.

Primeiro passo: pense antes

Paige percebia que Allie só estava tentando fazer parte da equipe e não sabia que falavam e riam dela pelas costas. Paige chegou à conclusão de que o mais sensato seria abordar a situação com delicadeza, já que Allie era uma pessoa agradável e amistosa, cujo comportamento era inofensivo. Paige queria proteger a dignidade de Allie e, ao mesmo tempo, fazer com que ela entendesse que estava se abrindo além da conta.

Segundo passo: procure compreender melhor

Quando se aproximou de Allie, Paige falou com educação:
– Allie, na pausa do café, em vez de ficar com o grupo, será que você poderia conversar comigo?
– Claro. Está tudo bem? – Allie pareceu preocupada.
Paige deu um sorriso aberto.
– Está. *Eu só queria conversar sobre algo um pouco desconfortável para falar na frente do pessoal* (**frase com "eu"**). *Não sei como dizer, a não ser sendo direta. Allie, sei que você é amistosa e expansiva, mas parece que está revelando informações demais sobre sua vida pessoal para a equipe* (**compreensão**). *Algumas pessoas comentam sobre isso quando você não está por perto. Eu me sinto incomodada porque elas não estão sendo justas com você* (**frase com "eu", compreensão**).
Allie explicou:
– Eu sou uma pessoa muito aberta e não vejo problema em falar da minha vida pessoal. Mas quem está fazendo isso? Não quero saber de ninguém falando pelas minhas costas.

Terceiro passo: defina o problema

Paige assentiu e demonstrou interesse com a expressão facial.

– Não quero causar discórdia na equipe, e não é importante saber quem continua a fazer comentários quando você não está por perto. Pelo que percebi, você se sente bem falando de sua vida pessoal.

– Bom, é, até agora!

Paige continuou:

– Então, você percebe que falar demais pode não ser conveniente para você?

– Claro – respondeu Allie.

Quarto passo: ofereça a melhor solução

– *Eu gostaria de dar uma sugestão que, tenho certeza, vai funcionar com você. Quando estiver trabalhando, não revele a essência das questões. Guarde os detalhes para seus amigos íntimos; você sabe, pessoas de fora do trabalho* (**ajuste**) – sugeriu Paige.

– Agora estou sem graça. Acho que já falei demais.

Paige respondeu respeitosamente:

– *Não estou contando isso para deixar você sem graça. Já perdi as contas de quantas vezes eu falei coisas das quais me arrependi mais tarde* (**compreensão**).

– Mas como posso mudar? Todo mundo está acostumado a me ver contando sobre meus encontros amorosos.

Paige pensou um momento antes de responder.

– *Daqui em diante, quando alguém perguntar sobre um encontro, só diga que foi bom. Se encorajarem você a contar detalhes, responda que não há muito a dizer. Agora, se você assistiu a um filme ou saiu para jantar, fale sobre isso. Mas pare antes de contar qualquer coisa que você não gostaria que sua mãe soubesse. Que tal?* (**ajuste**) – As duas riram.

Quinto passo: concordem com a resolução

Allie assentiu.
– Entendi. Ater-me a coisas permitidas para menores.
Paige acrescentou:
– Ou para adolescentes! *Que bom que a gente conversou sobre isso!* (**resolução**) *Eu gosto muito de você, toda a equipe também. Por favor, não pense que alguém estava falando coisas maldosas ou rancorosas sobre você. Eles só estão com um pouco de inveja porque sua vida é mais empolgante que a deles* (**reconciliação**).

Por que isso funciona

Paige poderia ter conversado com a equipe que comentava sobre Allie pelas costas, mas percebeu que isso não iria fazer com que a colega parasse de contar informações demais. Allie era a pessoa com quem ela precisaria falar, mas Paige se sentia desconfortável em abordar um assunto tão delicado. Durante toda a conversa, falou com respeito e conseguiu explicar a importância de manter o profissionalismo no trabalho. Acrescentar que os colegas poderiam estar com inveja fez a conversa terminar num tom mais leve.

Como fazer a abordagem certa

Aplique os seguintes princípios ao lidar com uma pessoa que revela coisas demais sobre si mesma:

- Se alguém com quem você trabalha compartilha muito sobre a própria vida, tente cobrir os ouvidos e dizer "Informação demais!". Esse tipo de brincadeira pode servir de dica para que a pessoa se atente ao problema.

- Tente deixar a informação entrar por um ouvido e sair pelo outro.
- Se isso não funcionar e você achar difícil voltar dessa conversa para o trabalho, é hora de falar com a pessoa.
- Quando planejar a conversa, tenha o máximo de tato e respeito, porque o tagarela não percebe que está revelando informações demais.
- Quando a pessoa percebe que seu comportamento se tornou problemático, você deve oferecer uma solução sugerindo que ela se contenha para não contar demais sobre a vida íntima.
- Para encerrar a conversa, use um tom positivo a fim de ajudar a pessoa a superar qualquer embaraço.

COMO LIDAR COM UMA PESSOA LAMURIENTA

Alex se sentava perto de Mary, que ele chamava mentalmente de "Mary Chorona". Mary resmungava o dia inteiro. Nada parecia certo em seu mundo. Fosse o filho, o marido, o chefe ou outro colega de trabalho, Mary parecia achar que alguém queria derrubá-la ou fazia algo de propósito para irritá-la. Alex estava cansado de ouvir suas lamúrias e havia tentado fazê-la encarar as situações com mais objetividade, mas essa abordagem não tinha funcionado. Alex também havia experimentado uma mudança de assunto quando Mary se punha a choramingar, porém essa tática não tinha dado resultado.

Nada parece certo no mundo de uma pessoa lamurienta. Diferentemente do negativista, que enxerga o mundo com lentes nebulosas e reclama de tudo, o chorão volta a negatividade para dentro para se concentrar em como ela o afeta. Os queixosos vivem se lamentando porque essa atitude traz um sentimento bom e pode aliviar a frustração. Em contrapartida, esse comportamento provoca uma sensação ruim em quem está por perto e eleva o nível de irritabilidade.

Lidar com uma pessoa lamurienta todos os dias pode ser difícil, porque resmungar faz parte da personalidade dela. Você não pode mudar a pessoa, mas pode mudar o modo como reage às lamentações. É quase certo que você já percebeu que fazer um queixoso enxergar a situação de modo mais objetivo pouco adianta. Ele gosta do reforço que as lamentações lhe dão. Assim, se puder, tente ignorar. Desligue-se do lamuriento quando ele começar a resmungar. Em algum momento, ele vai acabar provocando profunda irritação. A melhor abordagem pode ser demonstrar empatia, ouvir a reclamação e depois assumir uma atitude de resolução dos problemas, ajudando a pessoa a encontrar uma saída. Conversar deixará claro que você não vai mais ouvir as lamúrias sem que a pessoa mude o comportamento.

Alex esperava que, ao oferecer a Mary uma alternativa para lidar com seus queixumes, ela entenderia que ele não aceitaria mais ouvi-la em silêncio.

Primeiro passo: pense antes

Alex pensou em como falar com Mary na próxima vez que ela resmungasse e decidiu que o melhor modo era dizer, logo de cara, que as reclamações o afetavam muito. Ele planejava dar um basta nessa atitude de Mary e pedir a ela que oferecesse uma solução para cada problema.

Segundo passo: procure compreender melhor

Alex não precisou esperar muito para testar a nova tática. Logo depois do almoço, Mary disse:

– Nossa chefe provou, de novo, que não me respeita. Enquanto estávamos fora, ela jogou mais trabalho na minha mesa. Como vou começar a processar todas aquelas contas se nem terminei as da manhã?

Alex respondeu rapidamente:

– *Ah, é. Entendo como você se sente* (**compreensão**). Como você vai resolver essa questão?

Mary o encarou, perplexa. Alex sentiu que estava no caminho certo para fazê-la parar com as lamúrias.

– Como vou resolver isso? O que eu posso fazer? Já estou cheia de trabalho e agora ela deixou ainda mais na minha mesa.

Terceiro passo: defina o problema

– Reclamar não é a resposta. Pelo que vejo, você tem duas opções. Pode explicar a ela o que já está fazendo ou fazer o trabalho.

Alex falou com confiança, manteve contato visual e uma expressão facial neutra.

– Eu não me sentiria confortável dizendo que já tenho trabalho demais.

– *Entendo que você tem muita coisa para fazer. Todos nós temos* (**compreensão**) – disse Alex. – Olha, não disse nada antes, mas nós dois temos um problema. O fato de você não dizer a ela que tem trabalho demais cria um impasse para você, *e, quando você reclama comigo, causa um transtorno para mim, porque toda essa reclamação me deixa deprimido* (**frase com "eu"**).

Mary pareceu confusa. Não estava acostumada a ouvir Alex falar desse modo. Por fim, disse:

– Eu não sabia que estava causando um problema para você.

– Olha, Mary, só estou tentando ajudar. Quando você deixa que ela jogue trabalho em sua mesa, isso provoca uma dificuldade para você (**compreensão**). *E, quando você me conta o que* *aconteceu, não consigo me concentrar no trabalho porque isso me incomoda também* (**frase com "eu"**).

Mary assentiu.

– Entendo seu ponto de vista.

Quarto passo: ofereça a melhor solução

Alex explicou:

– *Você pode fazer o trabalho ou dizer a ela que já tem trabalho demais* (**ajuste**).

– Acho que posso tentar fazer o trabalho todo – disse Mary, hesitando.

– *Se for assim, se você não se importa de verdade, por favor não reclame comigo* (**ajuste**) – disse Alex, olhando-a com simpatia.

Quinto passo: concordem com a resolução

– Não vou reclamar.

– *Obrigado* – (**resolução**) disse Alex. – *Fico contente por conversarmos sobre isso e por você ter encontrado uma saída* (**resolução, conciliação**). – Alex olhou para a planilha em que estava trabalhando e achou difícil conter um sorriso. Estava mais do que satisfeito com o modo como havia lidado com as lamúrias de Mary e planejou usar essa abordagem sempre que ela começasse a reclamar.

Por que isso funciona

Enquanto Alex continuasse como um participante voluntário, ouvindo as queixas de Mary, nada iria mudar, porque ela não estava à procura de saídas para o que vivia. A abordagem de Alex funcionou porque ele planejou confrontá-la assim que ela começasse a reclamar e também porque perguntou o que ela iria fazer. Então, se certificou de explicar a desarmonia que os choramingos criavam para os dois. Prosseguiu explicando soluções possíveis. Quando Mary disse que achava que conseguiria fazer todo o serviço, Alex ratificou essa decisão e ofereceu uma frase de reconciliação.

Como fazer a abordagem certa

Aplique os seguintes princípios ao lidar com uma pessoa lamurienta:

- Ignore as lamúrias no começo. Se a pessoa não perceber nenhuma reação de sua parte, pode reclamar em outro local.
- Faça como Alex e confronte o queixoso de imediato se as lamúrias incomodarem demais.
- Responda à reclamação com uma frase de compreensão.
- Pergunte o que a pessoa vai fazer em relação ao problema. Isso passa a mensagem de que você espera que ela encontre uma solução.
- Explique como as lamúrias causam um transtorno para você. Se a pessoa não encontrar uma solução, esteja preparado para oferecer uma.
- Ratifique a resolução e ofereça uma frase de reconciliação se o lamuriento parecer recuar.

COMO LIDAR COM UM BANANA

Nicole ouviu uma colega de trabalho pedir a Kim para terminar um projeto, porque ela estava com serviço demais. Kim suspirou e disse:
— Claro, coloque na minha pilha.
A colega respondeu:

– Ótimo! Muito obrigada, Kim. Você é o máximo.
Nicole sabia que o time costumava se beneficiar da passividade de Kim, por isso foi até ela e disse:
– Você deveria aprender a se defender. Todos se aproveitam de você, e isso não está certo.
Kim deu de ombros e balançou a cabeça, resignada. Nicole voltou para a sua mesa, mas o comportamento covarde de Kim continuava a incomodá-la, principalmente porque gostava de Kim e se ressentia de os outros tirarem proveito dessa característica dela.

Dizer aos bananas que mudem de comportamento é como dizer a bebês para se levantar e andar. Até que estejam prontos e capazes, eles não conseguem. Como Kim, algumas pessoas são passivas, tímidas ou retraídas. Não sabem se defender. Permitem que os outros se aproveitem delas. Aceitam os desejos e as necessidades dos outros. Admitem que façam interrupções em suas falas. Não pensariam em retrucar ou pedir ajuda. E podem ser empáticas demais, a ponto de valorizar mais os sentimentos dos outros do que os delas mesmas.

O melhor modo de ajudar um banana é ensiná-lo a ser menos frouxo e mais assertivo. Dizer a alguém que se defenda, sem indicar maneiras efetivas de fazer isso, terá pouco ou nenhum efeito. Quando Kim deu de ombros e balançou a cabeça, resignada, Nicole voltou à sua mesa sabendo que, a não ser que Kim aprendesse a dizer não, os colegas continuariam a dominá-la.

Depois de pensar no que tinha dito a Kim, Nicole percebeu que poderia ser mais colaborativa se usasse uma abordagem diferente.

Primeiro passo: pense antes

Nicole decidiu perguntar se Kim permitiria que ela fosse sua orientadora de "assertividade". Poderia ajudá-la sugerindo frases para dizer aos colegas quando tentassem tirar vantagem dela.

Segundo passo: procure compreender melhor

Nicole disse:

– Kim, hoje cedo, quando eu disse que você deveria aprender a se defender, percebi que aquilo não foi adequado (**frase com "eu"**). Sei que para você é difícil recusar quando alguém pede para fazer algo, ainda que você tenha consciência de que não é justo (**compreensão**).

– Verdade. Eu não sei dizer não, e os outros acabam se aproveitando de mim. Às vezes isso me incomoda, mas não sei o que fazer.

Terceiro passo: defina o problema

Nicole disse:

– Então você concorda que, quando as pessoas passam a perna em você, isso cria um problema?

– Claro. Eu gostaria de ser mais parecida com você.

– E você entende que sua atitude também me afeta, porque não gosto de ver essa trapaça acontecendo?

– Entendo, obrigada.

Quarto passo: ofereça a melhor solução

Nicole assentiu, manteve uma expressão facial interessada e deu um sorriso caloroso.

– *Se você não se importa, eu gostaria de ajudar* (**ajuste**).

– Seria ótimo – disse Kim.

– *Posso sugerir algumas frases que dão certo para mim e sei que vão funcionar para você* (**ajuste**). Quando alguém me pede para fazer algo e eu já estou atolada de trabalho, digo: "Eu gostaria de ajudar, mas tenho mais tarefas do que consigo fazer hoje." Des-

cobri que funciona porque a pessoa fica sabendo que meu tempo também é importante.
– É uma sugestão ótima. Vou experimentar na próxima vez – disse Kim, parecendo decidida.

Quinto passo: concordem com a resolução

Então Nicole disse:
– Fico contente por você não ter se incomodado com minha vontade de ajudar (**resolução**).
– Se você puder me ensinar a me defender, não vou me incomodar nem um pouco! – disse Kim.
– Fantástico. *É difícil aprender a dizer não. Mas, assim que soube de fato o valor dessa palavra, ganhei muita confiança e fui capaz de me impor. Gosto de você, e, se eu puder ajudar de algum modo, por favor não hesite em pedir* (**reconciliação**).

Por que isso funciona

Assim que Nicole percebeu que havia usado a abordagem errada com Kim, reavaliou como levar a conversa adiante. Depois de concordarem com a causa do problema, ela perguntou a Kim se poderia ajudá-la a ser mais assertiva. Quando Kim disse sim, Nicole estava preparada e lhe deu um exemplo de uma frase assertiva. Mas Nicole também sabe que mudar o comportamento de uma pessoa é algo demorado, por isso planeja prestar atenção e continuar a orientar Kim, para que ela seja mais determinada e segura.

Como fazer a abordagem certa

Aplique os seguintes princípios ao lidar com um banana:

- Use uma abordagem inteligente e pergunte se você pode ajudar a pessoa a ser mais assertiva em vez de dizer que ela deveria mudar seu comportamento.
- Oriente-a para entender por que a incapacidade de dizer não pode criar problema. E explique que, quando vê os outros se aproveitarem dela, você se sente muito incomodado. Depois se ofereça para ensinar algumas frases assertivas.
- Garanta ao colega que as frases funcionam porque já deram bons resultados para você.
- Não sobrecarregue o outro. Comece com um exemplo e prossiga aos poucos.
- Mantenha a autoestima da pessoa reconhecendo que é difícil aprender a dizer não, mas que isso pode ser feito.

5

Frases poderosas para situações desafiadoras com seu chefe

Durante toda a sua carreira, você trabalhará com muitos chefes. Como ninguém é perfeito, os chefes bons terão algumas características de personalidade, manias e hábitos desafiadores, e os chefes ruins terão algumas qualidades redentoras. Uma coisa é certa: independentemente de considerar que os chefes são bons ou ruins, você gostará de algumas atitudes que eles tomam e não gostará de outras. Quando algo o incomodar, você precisará decidir se vai ignorar o comportamento ou não vai deixar passar. Caso opte por dizer alguma coisa, confrontar o chefe será muito diferente de confrontar um colega. Vamos ser claros: o chefe está acima de você e já sai em vantagem. Ele pode interceder nas questões referentes ao seu salário e ao seu emprego. Isso não quer dizer que você deve aguentar o mau comportamento, e sim que precisa abordar a situação com mais sensibilidade e tato do que ao conversar com um colega.

Este capítulo descreve dez tipos de personalidades desafiadoras dos chefes. Para cada tipo, você aprenderá a usar o processo de solução de conflitos em cinco passos para falar com o chefe sobre situações adversas. Estão incluídos exemplos que vão ajudar você a resolver conflitos com sucesso. Como nos quatro primeiros capítulos, as frases poderosas estão em *itálico*, com o tipo de frase indicado em **destaque**. Para cada comportamento há uma dica com o título "Algo para pensar", demonstrando como enfrentar uma situação incomum ou difícil. Quando você se tornar confortável em aplicar o processo de cinco passos, vai desenvolver confiança para se comunicar de modo eficaz com qualquer tipo de chefe.

REGRAS BÁSICAS AO CONFRONTAR SEU CHEFE

Ao discutir uma situação problemática, fale com calma e confiança para aumentar a capacidade de revelar seus sentimentos de modo construtivo e não ameaçador. Concentrar-se nos fatos e oferecer uma solução positiva permitirá que você mantenha a conversa produtiva. Se você enxergar a situação pelo ponto de vista do seu chefe e entender a personalidade dele, terá uma ideia melhor de como lidar com o conflito. Quando você for capaz de resolver com sucesso os problemas com seu chefe, vocês desenvolverão um relacionamento mais forte, mais confiante e solidário.

Antes de aprender a lidar com os vários tipos de personalidade, aqui vão algumas regras básicas para tentar resolver um embate entre você e seu chefe:

- Aborde seu chefe quando tiver certeza de que poderá manter a confiança e a assertividade durante toda a conversa.
- Use uma linguagem positiva e construtiva ao conversar com ele.
- Permaneça calmo, não importa como ele falar com você.
- Trate-o com respeito.

- Não insulte o chefe ou outros membros da alta administração, independentemente do que acontecer durante a conversa.
- Relate os fatos com clareza quando disser ao chefe o que está incomodando você e como está se sentindo.
- Esteja preparado para dar exemplos.
- Ofereça um ajuste e se concentre em como vocês podem trabalhar juntos para resolver o problema.
- Fale com outra pessoa que possa orientar sobre como lidar com o atrito caso seja impossível ter uma conversa produtiva com seu chefe.
- Não feche portas. Você nunca sabe quando precisará atravessar uma delas de novo.

Tenha em mente que pode ser do seu interesse usar de cautela e aprender a suportar manias, idiossincrasias e traços de personalidade do seu chefe. Se puder ignorar ou passar ao largo dos hábitos negativos dele e manter o foco em fazer um bom trabalho, você terá a vantagem de sustentar uma postura calma e confiante. Mas, se alguma coisa estiver incomodando a ponto de afetar o seu trabalho ou sua atitude, é hora de conversar.

Os dez exemplos a seguir envolvem conflitos entre um funcionário, ou um grupo, e o chefe, em que um ou mais empregados tomaram a decisão de discutir o assunto com ele. Se toda a equipe tiver um problema com o chefe, o grupo deve discutir o melhor modo de enfrentar o atrito antes de fazer uma reunião para tentar uma saída. Como você verá nos exemplos, a melhor abordagem é uma pessoa assumir o papel de porta-voz do grupo, com a presença dos outros integrantes.

COMO LIDAR COM UM CHEFE ABUSIVO

Brandon estava organizando o estoque quando seu chefe, Matt, surgiu atrás dele.
– O que você está fazendo? Está estocando de modo errado. Achei que você soubesse o que estava fazendo, mas pelo visto não sabe. Será que preciso mostrar outra vez o jeito certo?
Brandon ficou chateado porque Matt lhe deu uma bronca na frente de uma cliente, que ficou perplexa e desconfortável em testemunhar a situação. Brandon estava acostumado com as broncas e críticas de Matt, mas não gostava de ser censurado na frente de clientes. Brandon disse:
– Desculpa. Sei que você gosta dos itens encostados uns nos outros e vou ajeitar.

Alguns chefes não têm tato e não usam discrição ao verbalizar suas opiniões sobre os funcionários. Como Matt, quando enxergam um problema, criticam ou repreendem de modo abusivo na frente de clientes, em vez de chamar de lado e discutir o assunto em particular. Só administram o erro por meio de reforço negativo. Um chefe abusivo jamais se mostra satisfeito, é explicitamente crítico, usa técnicas de intimidação e palavras em tom ameaçador. Esse tipo de chefe pratica bullying.

Como você aprendeu no Capítulo 4, ninguém tem o direito de praticar bullying, nem mesmo chefes. É difícil trabalhar com um chefe abusivo, mas o importante é não levar a crítica para o lado pessoal. É bem provável que ele trate todo mundo assim. Pode ser também que ele aja dessa maneira porque alguém acima dele na hierarquia o trata de modo semelhante. Mas isso não autoriza esse tipo de comportamento, e é melhor abordar qualquer situação abusiva quando ela ocorrer. Defenda-se e diga ao chefe como você quer ser tratado. Mas faça isso com tato, de modo respeitoso. Explique com calma e assertividade como o comportamento dele faz você se sentir. Apresente-se como a voz da razão ao falar. Cite um ou mais exemplos. Se, como no caso de Brandon, havia clientes por perto quando ele maltratou você, explique ao chefe que você percebeu que eles ficaram desconfortáveis em ouvir a conversa. Depois diga ao chefe como gostaria de ser tratado no futuro. Quando você fala com confiança, é considerado alguém que se respeita e espera ser bem tratado.

Não tomar uma atitude e permitir que um agressor abuse de você nunca é uma atitude inteligente. Isso pode afetar o seu trabalho, seu equilíbrio mental e até sua saúde. Se, depois de falar com seu chefe, o dia a dia continuar insuportável, procure uma autoridade superior ou discuta a situação com o gerente de recursos humanos, caso seja possível. Apenas se certifique de ter documentos sobre o abuso para sustentar sua reivindicação.

Brandon estava cansado de ser tratado de modo tão hostil, especialmente quando havia uma cliente por perto. Sentiu orgulho por ter mantido a calma com Matt, mas queria que o comportamento abusivo do chefe tivesse um fim.

Primeiro passo: pense antes

Brandon se sentia um pouco intimidado com o jeito autoritário de Matt. Tentou analisar por que ele achava certo abusar dos funcionários e concluiu que Matt jamais tinha algo bom a dizer sobre qualquer um que estivesse abaixo dele na hierarquia. Quando via alguma coisa da qual não gostava, parecia não ter filtro para saber qual o melhor momento de abordar o assunto e adiar a conversa. Pelo contrário: começava logo a dizer o que lhe vinha à cabeça, sem se preocupar com as palavras que usava nem com quem estivesse presente. Brandon o tinha visto dar broncas em outros colegas, mas ter consciência de que não era o único a ser tratado de modo abusivo não amenizava a questão. Quando confiou que poderia falar de modo assertivo e dizer o que queria, procurou Matt na sala dele.

Segundo passo: procure compreender melhor

– Matt, tem um minuto? Gostaria de conversar com você.
Brandon falou com segurança, manteve contato visual e permaneceu com a postura ereta.
Matt assentiu sem sorrir.
– Tenho muito trabalho a fazer, portanto seja rápido, certo?
– Queria comentar sobre o que aconteceu hoje de manhã, quando você disse que eu estava arrumando o estoque de modo errado. *Havia uma cliente por perto e ela escutou tudo que você disse, o que me deixou muito desconfortável* (**frase com "eu"**).
– Eu sei o que vi: você estava arrumando as prateleiras incorretamente. O que você queria que eu fizesse, que deixasse você continuar? – disse Matt, carrancudo.
Brandon pensou e então disse:
– *Entendo, Matt. Você me viu fazendo algo errado e quis me corrigir* (**compreensão**), mesmo que estivéssemos na frente de uma cliente.
– Que diferença isso faz?
Brandon estava preparado para esse tipo de comentário.
– Para mim faz diferença.
Brandon percebeu que a expressão facial de Matt transmitia algum entendimento sobre como ele se sentia, por isso partiu para colocar os pingos nos is.

Terceiro passo: defina o problema

– Peço desculpas porque eu não estava arrumando os itens encostados uns nos outros. Sei que não é assim que você gostaria que

ficassem. Mas quando você falou comigo a cliente pareceu muito incomodada. E eu já mencionei que me senti pouco à vontade porque ela estava presente. Era sobre isso que eu queria falar.
– Certo – disse Matt. – Continue.

Quarto passo: ofereça a melhor solução

Brandon respirou fundo antes de oferecer um ajuste.
– *Se você precisar me corrigir em relação a algo que eu estiver fazendo, eu prefiro que você faça isso sem que os outros escutem* (**ajuste**). Quanto ao que aconteceu hoje de manhã, eu acharia melhor se você tivesse esperado até a cliente se afastar. Ou poderia ter me chamado num canto e conversado.
Matt assentiu.
– Vou tentar me lembrar disso.

Quinto passo: concordem com a resolução

– *Obrigado* (**resolução**) – respondeu Brandon. – *Vou me esforçar para lembrar como você quer que cada item seja posto nas prateleiras* (**reconciliação**).

Por que isso funciona

Brandon sabia que não transformaria Matt num chefe cortês e bem-educado, mas tinha consciência de que precisava se pronunciar para que Matt soubesse como ele havia se sentido ao levar uma bronca diante da cliente. Como treinou a conversa mentalmente e só procurou Matt quando se sentiu confiante, pôde falar de modo assertivo e mostrar seu ponto de vista. Assumiu a responsabilidade por não arrumar as prateleiras do modo certo e pediu desculpas por não ter feito o serviço como

Matt apreciaria. Depois, ofereceu um ajuste e explicou como gostaria que Matt falasse com ele no futuro. Matt não teve opção a não ser concordar com a proposta de Brandon. Depois da reunião, em que os dois mantiveram a conversa num tom racional e calmo, Brandon se sentiu bem.

> **ALGO PARA PENSAR**
>
> Se o seu chefe é em geral uma pessoa sensata e só recentemente lhe disse algo abusivo, pense no que pode ter acontecido para ele se comportar mal. Será que ele está sofrendo muita pressão? Será que aconteceu alguma situação que possa ter afetado a atitude dele? Quem sabe um problema pessoal, ou talvez o chefe do seu chefe tenha dito alguma coisa que o levou a piorar de atitude? Assim, pense antes de falar. Você pode decidir deixar o atrito de lado. Mas, se o fato continuar acontecendo, converse. Isso pode dar ao seu chefe um toque muito necessário.

Como fazer a abordagem certa

Aplique os seguintes princípios ao lidar com um chefe abusivo:

- Assim como Brandon, é melhor falar quando o abuso acontece. Mas pare para pensar em como conduzirá a conversa.
- Uma atitude sensata é citar um exemplo do comportamento abusivo e depois mostrar como isso fez você se sentir.
- Se havia clientes escutando a bronca, você terá um argumento para o chefe saber que o comportamento dele deixou mais gente incomodada.

- Um chefe abusivo não recuará de imediato. Assim, quando definir o problema, não espere um comentário empático.
- Quando oferecer a melhor solução, explique seu ajuste em termos muito específicos. Declare como deseja que situações semelhantes sejam tratadas dali em diante.
- Quando você fala com confiança e apresenta o argumento de modo assertivo, o chefe tem mais chances de concordar com o pedido.
- Se o mesmo comportamento acontecer de novo, lembre ao chefe o que vocês combinaram.
- Se continuar aceitando abusos, você não terá do que reclamar.

COMO LIDAR COM UM CHEFE CONTROLADOR

Jéssica estava trabalhando num projeto quando o chefe, Sam, entrou em sua baia.
– Preciso que você complete este projeto. É para sexta-feira – disse ele, largando o calhamaço de papéis em cima do outro no qual ela estava trabalhando e saindo sem dizer mais nada. Jéssica pegou o projeto e o empurrou de lado, mas gostaria de jogá-lo na lata de lixo. Estava cansada de Sam sempre lhe dizer o que fazer. Ficava chateada porque ele jamais se incomodava em perguntar se ela podia pegar o serviço extra.

Alguns chefes parecem presos num estilo de administração controlador. Para eles, é mais fácil mandar do que pedir. Chefes controladores parecem autoritários: é fazer do jeito deles ou cair fora. Acham que têm direito de mandar e jamais pensam em pedir a opinião de um funcionário. Querem que você faça o que eles dizem e não os questione. Consideram indigno pedir sugestões ou ideias de quem está abaixo deles na hierarquia. Gostam de tomar todas as decisões, até as que afetam os integrantes da equipe. O fato é que eles pensam que sabem mais, então por que precisariam perguntar? Afinal de contas, ninguém é tão capaz quanto eles, e não hesitam em deixar isso claro a quem quer que esteja ao redor.

Pode haver outros motivos para o comportamento controlador. Talvez o chefe esteja sobrecarregado de responsabilidades e tão ocupado que não tenha tempo para pedir ou discutir, e dá ordens porque é mais fácil e mais rápido. Ou talvez seja um gerente novo que ainda não encontrou sua zona de conforto, não tem confiança e acredita que ser autoritário e mandão o fará parecer mais capaz. O chefe controlador, porém, pode ser muito amigável. Você gosta de seu chefe, só não gosta das atitudes ditatoriais que ele toma.

Então, o que fazer quando você trabalha com um chefe controlador? Será útil descobrir por que ele age como ditador, já que isso lhe permitirá enfrentar esse comportamento de maneira mais inteligente. Se ele está ocupado demais, estressado ou se é um gerente novo, você pode decidir dar um tempo e ignorar as atitudes dominadoras. Mas, se o comportamento controlador se tornar insuportável ou incômodo demais, é hora de sentar-se com o chefe e ter uma conversa sincera. Fale em termos específicos ao abordar o problema.

Na maior parte das vezes, Jéssica havia conseguido ignorar quando Sam largava trabalho em sua mesa, virava as costas e ia embora. Aceitava que o jeito autoritário fazia parte da natureza dele, por isso realizava o trabalho e tentava não se incomodar com aquele comportamento. Ela gostava de Sam e não se sentia confortável em dizer que ele estava lhe dando uma quantidade de trabalho grande demais, por isso havia se acostumado a ter tarefas adicionais sem dizer uma palavra sequer. Mas agora sentiu que ele havia ultrapassado todos os limites. Afinal de contas, não era justo

Sam continuar empilhando trabalho em sua mesa só porque sabia que ela era capaz de dar conta.

Primeiro passo: pense antes

Depois de se irritar com o último projeto que Sam havia largado em sua mesa, Jéssica criou um plano para pedir a ajuda dele na priorização do trabalho. Esperava que, depois de se reunir com Sam, ele percebesse que estava dando tarefas excessivas a ela. Também gostaria que, em vez de dar mais serviço, ele perguntasse, antes, se Jéssica poderia abraçar mais e mais projetos. Então, ela pegou sua agenda e a pilha de pastas e procurou Sam na sala dele.

Segundo passo: procure compreender melhor

– Muito obrigada por me receber – começou Jéssica, certificando-se de que seu tom de voz e as expressões faciais demonstrassem respeito. Sorriu calorosamente para Sam. – *Eu quis falar com você porque estou me sentindo meio assoberbada de trabalho e preciso da sua ajuda para priorizar meus projetos* (**frase com "eu"**).

Em seguida, pôs a agenda na mesa e a pilha de projetos ao lado. Sam levantou as sobrancelhas, e ela não deixou de perceber a expressão dele. Isso deixou claro o que ela estivera pensando: Sam não tinha percebido o volume de projetos que havia deixado na mesa dela.

Terceiro passo: defina o problema

Jéssica aproveitou a oportunidade para expor o entrave.

– Como você pode perceber, eu estou com uma porção de projetos para completar. Não tenho problema algum em fazer isso.

A dificuldade é que não sei bem como priorizá-los. Gostaria de rever todos com você, para que me dissesse como gostaria que eu desse prioridade a eles. Desse modo, posso trabalhar de acordo com as suas expectativas.

– Eu não havia percebido quanto trabalho você tem – disse Sam, parecendo surpreso.

Quarto passo: ofereça a melhor solução

– *Ah, tudo bem, Sam. Eu imaginei isso* (**compreensão**). – Jéssica levantou as quatro primeiras pastas e disse: – Estes são os que estou tocando no momento. – E deu tapinhas na pilha. – E estes são os que você me deu recentemente e eu nem pude dar início.

Sam pegou as pastas. Depois repetiu:

– Não percebi mesmo que havia dado tanto trabalho a você.

Jéssica ofereceu um ajuste:

– *Será que, daqui em diante, antes de colocar um projeto na minha mesa, você poderia verificar o que eu já estou fazendo?* (**ajuste**) Assim, eu não vou ficar tão assoberbada.

– Claro – disse Sam. E juntos examinaram os projetos. Sam disse que passaria para outras pessoas os cinco projetos que Jéssica não havia começado a fazer. E juntos priorizaram os outros quatro.

Quinto passo: concordem com a resolução

– *Muito obrigada, Sam. Fico contente porque você vai me consultar antes de me dar mais trabalho* (**resolução**). *Agradeço por você acreditar que vou dar o máximo de mim sempre* (**reconciliação**).

Por que isso funciona

Jéssica sabia que o jeito controlador fazia parte da personalidade de Sam e que isso não iria mudar. Havia aprendido a ignorar os maus hábitos dele, mas, quando ele continuou a empilhar projetos em sua mesa, ela se manifestou. E fez uma abordagem inteligente. Jamais reclamou dizendo que se sentia um depósito de entulho. E não recusou nem disse que era incapaz de fazer todo o trabalho. Em vez disso, usou sua habilidade de solucionar problemas, pedindo a ajuda de Sam para priorizar o trabalho que ele havia lhe dado. Como permaneceu positiva durante toda a conversa, e sugeriu que ele perguntasse antes de lhe dar mais um projeto, Sam concordou de imediato.

> **ALGO PARA PENSAR**
>
> Se o seu chefe está agindo de modo controlador porque é novo, dê-lhe uma colher de chá. Mostre que você é capaz e solidário, o que ajudará a ganhar a confiança dele. À medida que essa confiança aumentar, talvez você veja uma diminuição das atitudes dominadoras. Se isso não acontecer, converse com o chefe. Se você falar como alguém que o está ajudando a se comunicar de modo mais produtivo, talvez ele seja mais receptivo ao que você diz.

Como fazer a abordagem certa

Aplique os seguintes princípios quando lidar com um chefe controlador:

- Esforce-se o máximo para ignorar as atitudes dominadoras e se concentre em realizar o melhor trabalho possível.
- Converse com o seu chefe ao perceber que ele tem um comportamento que afeta sua capacidade de realizar o trabalho ou mantém uma atitude negativa em relação a você.
- Fale respeitosamente quando definir o problema. Como Jéssica, será bom usar uma postura de solução de problemas, em vez de parecer que está fazendo uma reclamação.
- Explique de modo objetivo o entrave em que você se encontra. Assuma a responsabilidade de que o problema é seu, e não do chefe.
- Ofereça um ajuste de como gostaria que a situação fosse enfrentada dali em diante.
- Consiga a concordância do chefe e proponha frases de resolução e reconciliação.
- Volte a fazer o melhor trabalho que puder.

COMO LIDAR COM UM CHEFE EGOCÊNTRICO

Rachel e seus colegas estavam refletindo sobre o memorando que haviam recebido da chefe, Patricia, depois de ela marcar uma reunião inesperada no fim daquela tarde para discutir por que a equipe não tinha vencido uma disputa de vendas em todo o distrito.

– Lá vamos nós de novo. A culpa é sempre nossa – disse um colega, e os outros concordaram.

– Ela deveria estar orgulhosa porque ficamos em segundo lugar. Mas não!

– E, se tivéssemos vencido, ainda assim ela não daria o crédito. A vitória seria da Patricia.

– *Ela é ótima em assumir o crédito pelo que a gente faz, e ótima em culpar a gente quando as coisas não acontecem como ela quer.*
Rachel assentiu, concordando. Patricia era o tipo de chefe que adorava holofotes, mas nunca assumia a responsabilidade quando algo dava errado. Nesses casos, a culpa era sempre de outra pessoa. Um integrante da equipe disse ter ouvido Patricia conversando com outro gerente e culpando o time por ter perdido a disputa. Os funcionários concordaram que, de novo, Patricia não assumiria a culpa pela derrota.

Se você trabalha com um chefe egocêntrico, talvez tenha concordado ao ler a situação apresentada. Eles adoram levar todo o crédito pelas realizações da equipe, mas os erros jamais são responsabilidade deles. Jogam a culpa nos outros sem admitir qualquer responsabilidade como líderes da equipe. Estão sempre em busca de seu próprio interesse. E não gostam que os holofotes sejam apontados para seu time, porque isso afasta o glamour deles. Podem até considerar que a equipe que faz um bom trabalho é uma ameaça ao seu sucesso. Chefes egocêntricos não têm intenção de passar algum tempo com os funcionários. Estão ocupados demais, ou envolvidos demais, com seus próprios interesses para ter interação com o time.

Se você trabalha com um chefe cujo ego é muito inflado, será difícil ignorar o mau comportamento. Mas, se você aprender a lidar com isso, sua vida será muito mais agradável. Entre no jogo sendo um jogador excelente. Faça o melhor trabalho possível e tente não levar para o lado pessoal quando ele o culpar por alguma coisa. Quando seu chefe começar a contar vantagem sobre alguma realização, fale de suas colaborações para o sucesso dele. Sempre que tiver oportunidade, faça com que suas ideias sejam conhecidas por todos. Se você ou a equipe alcançar um objetivo, ou ultrapassar uma meta, escreva um memorando para o chefe (com cópia para alguém da alta administração) contando a boa notícia. Em outras palavras, tome de volta algum crédito sempre que puder. Lembre-se de que pessoas de fora do grupo sabem que o seu chefe é egocêntrico, porque esse tipo de profissional jamais tenta esconder seus sentimentos. Mas, se você decidir falar com ele sobre a situação que enfrenta, comece descrevendo o comportamento dele e como ele fez você se sentir. Certifique-se de que o chefe entenda o motivo por você estar chateado, oferecendo um ajuste. Fale de modo construtivo, de modo que o chefe egocêntrico não se sinta ameaçado nem com raiva.

A equipe estava cansada de Patricia sempre levar o crédito pelos sucessos do grupo e se recusar a assumir a responsabilidade pelos fracassos. Um colega sugeriu que, assim que Patricia começasse a colocá-los na fogueira, deveriam se manifestar e dizer como se sentiam. Rachel era a voz da razão da equipe, por isso se ofereceu para representar o grupo.

Primeiro passo: pense antes

Rachel sabia que seria uma conversa difícil com Patricia, que talvez não fosse receptiva para ouvir qualquer opinião negativa a seu respeito. Rachel pensou em maneiras de ter a discussão e decidiu começar insuflando o ego de Patricia. Isso iria preparar o terreno para Rachel iniciar a conversa sobre como a equipe se sentia quando ela levava todo o crédito pela vitória, sem jamais assumir a responsabilidade pela derrota.

Segundo passo: procure compreender melhor

Patricia não mediu palavras quando falou com o grupo:
– Quero que vocês saibam como estou sem graça por termos perdido a disputa. Afinal de contas, no mês passado meu nome

estava no topo, e é onde quero que ele sempre esteja. Fui humilhada na convenção quando o gerente distrital anunciou a vitória de outro gerente. Não quero que isso aconteça nunca mais.

Rachel sentiu um nó na garganta, mas soube que era agora ou nunca. Respondeu:
– Patricia, eu me ofereci para falar pela equipe e quero que saiba como lamentamos ter desapontado você. Nunca faríamos nada de propósito para que se sentisse humilhada.
– Eu fui muito humilhada. E estou muito desapontada com todos vocês.

Patricia olhou para todos ao redor enquanto falava. Rachel disse:
– Também queremos que você saiba que desejamos ver o seu nome no topo, porque isso significa que somos a melhor equipe.

A expressão facial de Patricia se suavizou. Ela acrescentou:
– Fico feliz de ver que vocês querem formar o melhor time.

Mesmo sem estar convencida de que Patricia entendia o que estava acontecendo, Rachel partiu para esclarecer o atrito.

Terceiro passo: defina o problema

Rachel disse:
– *Sabemos que vencer é importante para você* (**compreensão**). Mas esperamos que entenda que vencer é importante para nós também.
– Claro – disse Patricia, irreverente.

Rachel acrescentou:
– *No mês passado, quando vencemos a disputa, você não deu nenhum crédito à equipe e isso de fato nos incomodou. Francamente, nós nos sentimos depreciados* (**frase com "eu"**). Sentimos que tudo que fazemos, vencer disputas... ou perder, é um esforço de equipe. E, como nossa líder, você faz parte do time. Gostaríamos que compartilhasse o sucesso conosco, e que

também dividisse a responsabilidade quando não formos tão bem-sucedidos assim.

Patricia assentiu.

– Entendo o que vocês querem dizer.

Quarto passo: ofereça a melhor solução

Rachel não tinha certeza de que Patricia entendia sua definição do problema, mas achou que a oferta de um ajuste poderia ajudar a esclarecê-lo.

– *O que estamos dizendo é que estamos todos juntos com você, e gostaríamos que você estivesse conosco. Somos uma equipe. Quando nos saímos bem, gostaríamos que você reconhecesse nossa contribuição, e quando fracassamos gostaríamos que você estivesse junto com a gente* (**ajuste**).

Patricia olhou para seus papéis e os folheou. Depois olhou para o grupo e assentiu devagar.

– Entendo o que vocês querem dizer. No mês passado, quando vencemos a disputa, saibam que fiquei orgulhosa de todos. Talvez eu devesse ter dito isso.

Quinto passo: concordem com a resolução

– *Então, daqui para a frente, você vai deixar claro quando sentir orgulho de nós?* (**ajuste**) – perguntou Rachel.

– Sim, vou dizer que me orgulho de vocês.

– *E, quando fracassarmos, vamos falhar juntos?* (**ajuste**)

Patricia assentiu.

– *Ótimo. Obrigada* (**resolução**). *Patricia, queremos que você saiba que gostamos de vencer, tanto quanto você. Foi muito ruim termos perdido essa disputa e prometemos fazer sempre o melhor* (**reconciliação**).

Por que isso funciona

A discussão não teria um resultado positivo se toda a equipe tivesse começado a verbalizar suas reclamações. Patricia sentiria que estava sendo sufocada e ficaria na defensiva. Rachel se portou bem durante toda a discussão. Começou massageando o ego de Patricia e assumindo a responsabilidade do grupo por tê-la desapontado. Depois avançou a conversa, rápida e assertivamente, definindo o problema e oferecendo o ajuste de que a equipe gostaria de ser reconhecida por Patricia, que não teve muita escolha a não ser concordar. Mesmo o time sabendo que seus modos egocêntricos não iriam mudar, todos sentiram-se bem por terem se manifestado e dito como se sentiam.

> **ALGO PARA PENSAR**
>
> Se você suspeita que os atos do seu chefe egocêntrico se devem a insegurança, vá com calma. Ele pode agir de modo egoísta para compensar as próprias deficiências. Ofereça elogios quando o vir fazendo algo bem-feito e o encoraje dando sugestões de como gostaria que ele se comunicasse com você e a equipe. Isso pode aumentar a confiança dele e reduzir o egocentrismo.

Como fazer a abordagem certa

Aplique os seguintes princípios ao lidar com um chefe egocêntrico:

- Tente ignorar o egocentrismo e se concentrar em fazer o melhor trabalho possível.

- Mostre os seus feitos sempre que houver oportunidade. Mande um e-mail, fale durante uma reunião ou se reúna com o chefe para discutir suas realizações. Ainda que você possa não se sentir confortável apontando os holofotes para si mesmo, é do seu interesse assumir o crédito, porque seu chefe talvez não lhe dê nenhum.
- Infle um pouco o ego do chefe, se você decidir falar, como Rachel e a equipe fizeram, para aumentar a receptividade da conversa.
- Certifique-se de descrever com clareza o comportamento dele e como você se sentiu.
- Não espere que seu chefe entenda ou reconheça subitamente o problema. Se necessário, passe para a definição do impasse, já que isso pode melhorar a compreensão. Depois, você pode declarar seu ajuste e trabalhar para uma resolução.
- Saiba que o seu chefe talvez não mude nunca. O máximo que você pode esperar é que ele tenha ouvido o que você disse e mude seu método de se comunicar com você e a equipe dali em diante.

COMO LIDAR COM UM CHEFE INCOMPETENTE

Jack trabalhou durante seis anos como vendedor. Era o integrante mais experiente da equipe de oito funcionários e considerado um mentor para os colegas. Quando o gerente, irmão do dono da empresa, se aposentou, Jack esperava ser promovido, mas isso não aconteceu. Antes de se aposentar, o chefe chamou-o de lado e disse que o dono traria a própria filha, recém-formada na faculdade, para assumir o posto de gerente. Jack entendia a dinâmica familiar da empresa, mas mesmo assim ficou desapontado por ser preterido por alguém que não tinha nenhuma experiência no negócio. Para piorar o cenário, Hailey, a nova gerente, tentava agir como se soubesse o que estava fazendo, em vez de pedir ajuda quando estava claro para a equipe de vendas que ela não era qualificada para a função, quanto mais para comandar a equipe.

Trabalhar com uma pessoa incompetente pode ser frustrante. Chefes inaptos costumam ser maus comunicadores, porque não sabem o suficiente sobre o trabalho, a empresa ou a equipe para se expressar de modo efetivo. Não fornecem treinamento adequado aos funcionários por motivos óbvios. São incapazes de tomar decisões ou demoram demais pensando na melhor opção. Fazem escolhas ruins porque não têm conhecimento profissional nem informações sobre a empresa e a dinâmica da equipe. Como consequência, podem parecer sem foco. Esse tipo de chefe é um líder ineficaz. E não há muito que você possa fazer.

Quando trabalha com um chefe pouco qualificado para a função, você precisa aprender a se adaptar para se tornar mais capacitado e proficiente. Ele pode ser novo na empresa e talvez receba treinamento. Ou pode trabalhar ali durante algum tempo, mas não ter a mínima ideia de como gerenciar ou do que você faz no dia a dia. De qualquer modo, se o seu chefe não for capaz de lhe dar orientação, será melhor você buscar seus próprios resultados. Em outras palavras, a falta de capacidade do chefe pode vir a calhar. Quando você se concentrar em preencher as lacunas deixadas pelo gerente, vai desenvolver importantes habilidades de liderança. Em vez de enfatizar a falta de capacidade do chefe ou reclamar dele, tente ajudá-lo a melhorar, dando assessoria e ensinamentos. Você ganhará a confiança do chefe e, em última instância, será bem visto durante o processo. Se você se apresentar como um funcionário valioso e solidário, que colabora para o sucesso da equipe, vai se destacar como modelo de comportamento e como líder.

Jack gostava demais do trabalho para permitir que a incompetência de Hailey o incomodasse. Afinal de contas, ela não tinha culpa por seu pai a ter colocado naquele cargo. Mas, quando Hailey tomou uma decisão ruim que poderia afetar a avaliação e o salário de Jack, ele resolveu falar. Assumiu uma abordagem proativa ao discutir o efeito da decisão, oferecendo ajuda.

Primeiro passo: pense antes

Antes de falar com Hailey, Jack parou para pensar nos pontos fracos dela. Hailey havia se formado em administração de empresas. Jack achou que, se a confiança dela aumentasse, ela desenvolveria habilidades administrativas e de liderança. Mas Hailey não tinha o conhecimento técnico para o trabalho, o que atrapalhava sua capacidade de fazer avaliações e tomar decisões acertadas. Jack acreditava que poderia ajudar oferecendo-se para lhe ensinar os aspectos técnicos do trabalho. Só não sabia até que ponto Hailey seria receptiva, já que ela compensava as fraquezas agindo como se soubesse dar conta do serviço.

Segundo passo: procure compreender melhor

Jack parou junto à porta da sala de Hailey e perguntou:
– Você tem uns minutos para conversarmos?
– Claro – respondeu ela. – Entre e sente-se.
Jack sentou-se e respirou fundo. Inclinando-se para a frente, disse:
– Queria falar sobre a sua decisão de mudar o modo como nossas funções são distribuídas. Essa mudança vai reduzir minha carga de trabalho, o que pode afetar minha avaliação e, em última instância, meu salário. *Eu me orgulho de poder fazer mais que a minha cota de trabalho e tirar parte dela me*

faz sentir que estou colaborando menos do que sou capaz (**frase com "eu"**).
– Tomei essa decisão porque queria equilibrar a carga de trabalho – respondeu Hailey.

Terceiro passo: defina o problema

– *Entendo sua posição* (**compreensão**) – respondeu Jack. – Mas o fato é que nem todos trabalhamos no mesmo ritmo. Acrescentar mais tarefas a alguns empregados pode provocar dois problemas. Primeiro, a produtividade tende a diminuir. Segundo, o trabalho pode não ser completado de acordo com as expectativas dos clientes.
– Não pensei nisso. Tomei a decisão com base no que achei que seria justo para todos.
– Espero que você entenda o conflito que essa decisão poderia causar. – Jack falava com confiança, fazendo contato visual e se inclinando para a frente.
– Agora eu sei.

Quarto passo: ofereça a melhor solução

Jack tinha consciência de que estava correndo um grande risco com o que ia dizer, mas mesmo assim afirmou com sinceridade:
– *Olha, entendo como você deve se sentir sendo uma gerente nova* (**compreensão**). *O que quero dizer é que, como sou o funcionário mais antigo, gostaria de estar envolvido nas questões que têm a ver comigo e com o time. E ficaria feliz em ajudar com qualquer dúvida sua relacionada ao trabalho. Se quiser, posso lhe ensinar o que nós fazemos* (**ajuste**).
– Certo. Eu gostaria de ajuda para aprender o serviço. E, sim, entendo seu ponto de vista. Daqui em diante vou falar com você sobre tudo que poderia afetar vocês.

Quinto passo: concordem com a resolução

– *Que bom* (**resolução**). *Eu me senti meio esquisito ao procurar você para falar sobre esse assunto, mas sei como é ser novo e estou disposto a ajudá-la a compreender melhor o serviço* (**reconciliação**). *Vamos tratar disso como você quiser.*

Por que isso funciona

Como Jack teve uma abordagem proativa, Hailey foi receptiva à ideia dele. Ela viu que Jack era sincero na oferta de lhe ensinar e, antes de concluírem a discussão, Hailey perguntou se Jack se incomodaria em se sentar com ela todos os dias para que pudessem conversar sobre o serviço. Logo Jack ganhou a confiança de Hailey e, como estava disposto a ajudar, demonstrou que era um líder. Dois meses depois, o pai de Hailey decidiu transferi-la para outro cargo administrativo e ofereceu a Jack uma promoção para chefiar a equipe de vendas. A moral dessa história é que, quando você permanece positivo em qualquer situação, coisas boas podem acontecer.

ALGO PARA PENSAR

Se outras equipes estão recebendo treinamento adicional de seus chefes para ajudá-las a trabalhar melhor, se os chefes fazem reuniões regulares para mantê-las informadas, ou se os chefes tomam outras atitudes que você gostaria que seu chefe incompetente tomasse, deixe claro esse propósito. Mencione a ele que você ouviu dizer que outra equipe recebeu treinamento adicional e diga que gostaria

> de receber também. Diga, em termos bastante claros, que você gostaria de ter mais reuniões. Você aumentará a probabilidade de receber o que pediu e ajudará o chefe a desenvolver habilidades valiosas. Lembre-se de documentar as conversas sempre. No caso de seus pedidos não serem atendidos, ou de você decidir dar o passo seguinte passando por cima do chefe, a documentação vai reforçar sua argumentação.

Como fazer a abordagem certa

Aplique os seguintes princípios ao lidar com um chefe incompetente:

- Tente se adaptar à situação fazendo o melhor trabalho possível, quer seu chefe seja um recém-contratado ou um veterano incapaz de ter um bom desempenho.
- Aprenda a ver o lado positivo de trabalhar com uma pessoa incompetente: você ficará mais independente e autoconfiante. E desenvolverá habilidades importantes quando começar a tomar decisões, em vez de depender do chefe.
- Não importa como você se sinta em relação ao seu chefe incompetente, jamais reclame desse cenário.
- Procure oportunidades que possam ajudar o chefe a ter mais conhecimento do cargo.
- Mostre que quer ajudar. Você ganhará a confiança do chefe e será tratado mais como confidente do que como funcionário.
- Explique ao chefe como uma atitude ruim afeta você e

- sugira, educadamente, que gostaria de ser incluído na tomada de decisão. Não há garantia alguma, no entanto, de que ele vá concordar com essa ideia.
- Concentre-se em fazer o melhor serviço, não importando as circunstâncias em que você trabalha.

COMO LIDAR COM UM CHEFE INCOERENTE

Terri nunca tinha certeza de como seu chefe, Greg, iria agir. E, mais uma vez, ele mostrou como era incoerente. Ontem, ele elogiou Terri por fazer um trabalho ótimo num relatório que ela estava escrevendo. Hoje de manhã, parou junto à mesa dela, olhou o relatório e disse que estava insatisfeito com a redação. Ela abriu a boca, perplexa, para dizer algo, por achar que nada havia mudado de ontem para hoje. Como o trabalho ótimo que ela estava fazendo ontem não era tão bom hoje? Balançou a cabeça enquanto Greg se afastava.

Trabalhar com um chefe incoerente pode desgastar você. Ele é imprevisível. Você nunca sabe em que pé está. Num dia, ele está cantando louvores a você, no outro está lhe dando uma bronca. Ele não pensa antes de falar, porque, se fizesse isso, reconheceria como seu comportamento é errático. Hoje ele pode estar de bom humor, mas amanhã seu estado de espírito tende a ser bem diferente, azedo até. Esse tipo de chefe pode ser seu maior apoiador ou seu pior detrator, dependendo da hora, do dia ou da semana... ou do que quer que o anime ou incomode. O problema é que você nunca sabe como vai ser tratado, por isso anda pisando em ovos sempre. E o incoerente não percebe que age dessa forma.

O melhor conselho para trabalhar com um chefe incoerente é desenvolver uma "armadura" e não levar nada do que ele diz para o lado pessoal. Ele trata a todos dessa maneira um tanto complexa. Isso não tem a ver com você, mas com o humor dele no momento em que cruza seu caminho. Se você sabe que seu chefe está tendo um dia ruim, limite suas comunicações ou, se puder, fique longe dele. Isso não quer dizer que você deve sempre aceitar o mau comportamento. Se o seu chefe elogia seu trabalho e depois o critica por aquilo que fez, por que não falar? Você tem um exemplo concreto para dar a ele. Explique que ouvir duas versões sobre um mesmo tema o deixa confuso. Você pode entender ou não por que seu chefe o trata assim, mas deve definir o problema com clareza e oferecer um ajuste que leve a uma resolução. Saiba, porém, que a resolução pode ser apenas temporária ou aplicar-se somente a essa situação específica. O modo de agir de um chefe incoerente pode não sofrer mudanças porque é uma característica de sua personalidade.

Terri decidiu falar com Greg e deixar claro como o comportamento dele era confuso. Uma coisa era o seu humor mudar junto com o vento. Outra era ele elogiar seu trabalho num dia e criticá-lo no outro.

Primeiro passo: pense antes

Terri pensou em dizer a Greg como ele era incoerente, mas percebeu que ele sempre funcionava dessa forma e seria incapaz de mudar. Decidiu, então, falar a respeito de seus comentários sobre o relatório, esperando que ele pudesse ter uma percepção mais clara de como era visto.

Segundo passo: procure compreender melhor

Quando Greg se aproximou naquela tarde, Terri disse:
— Greg, eu queria pedir sua opinião sobre o relatório em que estou trabalhando. Ontem você elogiou meu trabalho, mas hoje de manhã disse que não estava satisfeito com a redação. *Nada*

mudou de ontem para hoje. O que você disse me confundiu. Agora não sei o que você acha do que estou fazendo (**frase com "eu"**).
– Terri olhou para Greg ao falar, certificando-se de que estava sendo assertiva.
– Acho que hoje de manhã eu estava de mau humor – respondeu ele.
– *Ah, dá para ver como isso pode ter afetado o modo como você falou comigo* (**compreensão**). – Ela continuou fazendo contato visual, desviando os olhos ocasionalmente.
– Deixe-me olhar o relatório agora – disse Greg.
– Claro.
Terri entregou os papéis. Greg olhou o relatório e disse:
– Parece bom.
– Mas você entende como foi confuso para mim quando ontem o meu trabalho era bom e hoje de manhã não era? – perguntou Terri.
– É, entendo.

Terceiro passo: defina o problema

Terri disse:
– Ouvir duas versões sobre a qualidade do relatório criou um problema para mim, já que eu não sabia em que pé estava com você e como deveria proceder.

Quarto passo: ofereça a melhor solução

Terri continuou:
– Greg, você disse que estava de mau humor hoje de manhã e que, por isso, disse não estar satisfeito com meu trabalho. *Daqui em diante, será que posso pedir para você não comentar sobre o que faço quando estiver de mau humor?* (**ajuste**). – Então Terri

sorriu para Greg perceber que ela não estava levando o comentário negativo dele muito a sério.

– Vou tentar lembrar – disse Greg, sorrindo de volta. – Entendo a confusão que eu criei.

Quinto passo: concordem com a resolução

– *Obrigada por reconhecer isso* (**resolução**). – Como se sentia confortável falando com Greg, ela brincou: – *Gosto de trabalhar com você, só fique longe se for pegar pesado com meu trabalho, certo?*

Os dois riram, e Terri ficou contente por ter conversado com o chefe, porque, mesmo sabendo que Greg era incapaz de mudar de personalidade, ela sentiu que tinha algum tipo de poder sobre ele.

Por que isso funciona

Terri falou para extravasar o que a incomodava. Confiava que estava fazendo um bom trabalho no relatório e ficou incomodada porque Greg havia dito uma coisa ontem e outra hoje. Fazia um bom tempo que trabalhava com ele e tinha aprendido a se desviar de seus comportamentos imprevisíveis, mas quando ele criticou diretamente seu trabalho ela decidiu confrontá-lo. Como Terri falou de modo confiante, pôde fazer com que ele entendesse como seus comentários causavam confusão. Depois, assumiu uma abordagem mais leve ao pedir que Greg não comentasse sobre seu trabalho quando estivesse de mau humor. E, como o nível de conforto de Terri com Greg era bom, ela pôde encerrar a conversa fazendo uma brincadeira com ele. Terri não sabia se ele iria levá-la a sério. Assim, caso a mesma situação acontecesse mais uma vez, ela planejava falar no mesmo instante e pedir que ele lhe dissesse especificamente o motivo de sua insatisfação.

> **ALGO PARA PENSAR**
>
> Se você trabalha com um chefe incoerente, a melhor aposta é desenvolver um bom relacionamento para que possa apontar as inconsistências no comportamento dele. As conversas para a solução de conflitos serão mais produtivas se você puder falar com honestidade, assumir uma abordagem leve e, como Terri, brincar sobre a situação. Ainda que você não se sinta confortável para fazer alguma brincadeira, perceber que existe um lado bom nesse tipo de chefe vai melhorar sua perspectiva e sua atitude.

Como fazer a abordagem certa

Aplique os seguintes princípios ao lidar com um chefe incoerente:

- Não leve para o lado pessoal. O chefe é incoerente com todos a sua volta, desde seus funcionários até seus pares e superiores.
- Certifique-se de que a crítica é imerecida se o chefe elogiar você num dia e criticar no outro.
- Peça ao chefe que diga especificamente o que há de errado com seu trabalho.
- Leve a conversa um passo adiante se esse tipo de comportamento continuar a acontecer. Tenha uma discussão de solução de conflito com seu chefe. Explique como o comportamento e os comentários incoerentes são confusos para você.
- Pergunte se o chefe entende por que isso é perturbador

para você e depois defina o problema que você tem com o comportamento incoerente.
- Ofereça um ajuste e obtenha concordância.
- Saiba que sua resolução pode durar pouco tempo. O comportamento incoerente do chefe tende a acontecer mais uma vez.

COMO LIDAR COM UM CHEFE VICIADO EM MICROGERENCIAMENTO

Érica lamentou quando viu Dan, seu chefe, se aproximar de sua mesa. Sabia que ele vinha verificar seu progresso numa licitação que ela estava terminando de fazer para um cliente. Dan tinha parecido reticente quando pediu que ela criasse a licitação, porque não confiava em nenhum funcionário para fazer os serviços sem ficar olhando por cima dos ombros. O colega de Érica sussurrou:
– Aí vem o helicóptero de novo.
Érica sorriu, mas gostaria que Dan confiasse nela.

Se você trabalha para um chefe que faz microgerenciamento, sabe como pode ser irritante quando ele olha por cima de seu ombro, não confia que você sabe fazer o serviço ou sente que você precisa de orientação para finalizar cada tarefa. Os chefes microgestores vigiam cada movimento seu, questionam suas decisões e dão ajuda quando não solicitada. Eles não gostam de delegar porque não confiam que o serviço será realizado de acordo com as expectativas. Quando delegam, como Dan, gastam tempo observando o que os funcionários estão fazendo. Novos gerentes podem tender ao microgerenciamento por causa de insegurança. Querem garantir que tudo seja feito do modo correto, e isso pode se traduzir em respirar nas costas dos empregados. Chefes veteranos podem ficar de olho num empregado novo até perceber que ele é capaz de ter um bom desempenho. Mas alguns chefes fazem microgerenciamento porque não confiam na capacidade dos funcionários.

O perigo de trabalhar com um chefe microgestor é que você pode parar de pensar por si mesmo, tomar decisões ou melhorar suas competências. Quando qualquer dessas coisas acontece, você para de se importar com o trabalho. Não se permita cair em nenhuma dessas armadilhas, porque elas vão impedir seu desenvolvimento. Você pode aprender a administrar o chefe microgestor, e isso começa com a construção de um relacionamento de confiança. Demonstre que você sabe o que está fazendo. Faça com que suas colaborações sejam reconhecidas por ele. Demonstre que você é confiável. Comunique-se mais. Peça responsabilidades adicionais. Ofereça-se para ter tarefas extras. Se tudo o mais falhar, sente-se e diga ao chefe como o microgerenciamento afeta você e sua capacidade de realizar o trabalho de modo produtivo.

Érica teve uma ideia que, se fosse bem apresentada, poderia fazer com que Dan microgerenciasse menos e desse mais crédito a ela.

Primeiro passo: pense antes

O plano era se reunir com Dan e dizer que sentia orgulho de sua experiência e capacidade de trabalho. Depois, Érica definiria o problema ao apontar a aflição que sentia por ele ficar "flutuando" sobre suas costas, discutiria a falta de confiança dele e encerraria a conversa pedindo que ele lhe desse mais responsabilidades.

Segundo passo: procure compreender melhor

– Dan, o que eu queria dizer é que, sempre que você me dá um trabalho, parece não acreditar que vou fazer corretamente. Quando

você faz perguntas atrás de mim, eu sinto que você não tem confiança no que estou fazendo, e isso me incomoda. Também me deixa mais determinada a mostrar que sou capaz de desenvolver um ótimo trabalho (**frase com "eu"**).

– Puxa, Érica, sei que você é capaz – respondeu Dan. – Só gosto de verificar como vai o andamento das tarefas.

– *Não achei que você estivesse tentando me perturbar de propósito* (**compreensão**). Mas você entende que isso pode me deixar desconfortável?

Dan encolheu os ombros.

– Acho que sim.

– Eu fiz, ou estou fazendo, algo que leva você a achar que não pode confiar em mim?

– Não, não fez.

Terceiro passo: defina o problema

– O principal problema é que sinto que você não confia em mim – explicou Érica. – E me torno menos produtiva porque fico pensando no motivo para você não me dar mais independência. Gostaria de discutir como posso ganhar sua confiança, de modo a você não ficar duvidando de tudo que eu faço.

– Eu confio em você – disse Dan.

Quarto passo: ofereça a melhor solução

– Obrigada. Então, o que eu gostaria de pedir é que, quando você me der uma licitação, me deixe trabalhar sem ficar verificando a todo momento. Prometo que, se encontrar algum problema, vou falar com você. Também vou revisar o trabalho com você quando tiver terminado (**ajuste**).

Quinto passo: concordem com a resolução

– Posso fazer isso – concordou Dan.
– *Fantástico* (**resolução**). Também gostaria de saber se você me passaria um dos clientes com quem você trabalha normalmente. Sei como eles são importantes e, por isso, você não os delegou à equipe, mas tenho certeza de que posso cuidar de algumas licitações mais difíceis. E prometo manter você informado enquanto dou continuidade ao trabalho.

Dan respirou fundo e respondeu:
– Aprecio sua segurança. Sei que, de todos os funcionários, você é que poderia lidar com as licitações mais complicadas. É, vou passar uma delas a você.

– *Dan, estou muito contente por ter falado sobre isso. Quero que você saiba que vou dar o melhor de mim. Gosto do meu trabalho e estou ansiosa para assumir algumas responsabilidades a mais* (**reconciliação**).

Por que isso funciona

Érica não gostava do excesso de controle por parte de Dan, especialmente porque sabia como fazer o trabalho. Poderia ter sido brusca e dito para ele se afastar, mas decidiu que uma abordagem proativa seria mais benéfica. Explicou como o microgerenciamento dele a fazia se sentir aflita e acrescentou que isso a deixava mais determinada a provar que era capaz de dar continuidade ao trabalho. Perguntou se havia feito algo de que ele não gostasse e, quando ele disse que não, definiu o problema. Sugeriu que Dan a deixasse terminar o trabalho sem interferir, e ele concordou. Encerrou a conversa pedindo responsabilidades adicionais, garantindo que era capaz de lidar com licitações mais difíceis e que iria mantê-lo informado.

> **ALGO PARA PENSAR**
>
> Se você não se sentir confortável em falar com seu chefe, tente mostrar a ele como você é competente no que faz. Não espere o chefe ficar observando ou fazendo perguntas desnecessárias. Assuma uma abordagem proativa mantendo-o informado sobre o trabalho que você está conduzindo. Quando você o vir se aproximando, atualize-o sobre a situação. Isso deve ajudar a ganhar a confiança dele, além de diminuir a necessidade de microgerenciamento.

Como fazer a abordagem certa

Aplique os seguintes princípios ao lidar com um chefe que faz microgerenciamento:

- Tente descobrir se há um motivo válido para o seu chefe fazer microgerenciamento do seu trabalho. Você fez algo que o levou a perder a confiança em você? Você é novo na empresa para que ele ainda não acredite em seu potencial?
- Trabalhe com destreza para que ele deposite fé em sua competência. Pode demorar um pouco, mas a necessidade de microgerenciamento deve diminuir à medida que a confiança aumentar.
- Tente mostrar ao chefe que você está fazendo o melhor trabalho possível.
- Demonstre que você é confiável.
- Mantenha o chefe informado sobre o trabalho que você está fazendo.
- Fale sobre suas realizações.

- Peça para assumir mais responsabilidades se achar que o chefe será receptivo à ideia.
- Converse com seu chefe se essas medidas não aliviarem o microgerenciamento. Explique como o comportamento dele faz você se sentir insatisfeito.
- Defina o problema que você tem com o microgerenciamento.
- Ofereça um ajuste e trabalhe para uma resolução com a qual os dois possam concordar.

COMO LIDAR COM UM CHEFE POUCO COMUNICATIVO

Steve e sua equipe descobriram por meio de um funcionário que a empresa deles iria se fundir com outra em três meses. Ainda que os empregos não fossem ser afetados, eles se incomodaram porque Helen, a chefe, não havia comentado nada a respeito. Não era surpreendente, porque Helen não se comunicava muito com nenhum deles. Mesmo assim, a notícia os deixou irritados, especialmente porque todas as outras equipes haviam sido informadas pelos respectivos gerentes durante reuniões, e Steve e seus colegas souberam da fusão pela rede de boatos.

A falta de comunicação pode ter vários motivos. Talvez o chefe tenha pouco traquejo social. Talvez seja tímido ou distante e não saiba interagir bem com os outros. Talvez seja controlador ou egocêntrico e não sinta necessidade de se conectar com os funcionários. Qualquer que seja o motivo, o chefe pouco comunicativo não mantém o time informado sobre notícias importantes da empresa, não oferece relatórios de progresso nem se informa sobre como está indo o dia. Gerentes pouco comunicativos não fazem comentários de avaliação, não explicam decisões, não agem a partir de sugestões. Fornecem pouco direcionamento, e quando delegam trabalho não separam um tempo para explicar aquilo de que precisam. Um chefe pouco comunicativo pode ter capacidade técnica para fazer o trabalho, mas não tem habilidade para se conectar com as pessoas, por isso usa um estilo de administração distanciado, que pode deixar você frustrado e infeliz.

Trabalhar com um chefe pouco comunicativo pode ser bem desafiador. Ouvir de outras pessoas detalhes do que está acontecendo em sua empresa faz você sentir que seu chefe não se importa o suficiente em mantê-lo informado. Quando ele não faz avaliação de seu trabalho, a frustração cresce porque você acha que suas contribuições não importam. Essa percepção pode destruir a criatividade e o entusiasmo de toda a equipe. Mas existe uma solução. Você pode tomar medidas positivas para mudar esse cenário. Isso significa que você vai ensinar o chefe a ser um comunicador melhor. Comece fazendo perguntas. Muitas perguntas. Pergunte o que está acontecendo na empresa. Pergunte como está o dia dele. Em vez de agir a partir de suposições sobre ideias que você sugeriu, pergunte como você está se saindo. Quando ficar confuso em relação a uma tarefa, diga com muita clareza o que precisa saber. Assumir medidas positivas como essas ajuda seu chefe a melhorar a interação com você. Mas se você estiver numa situação como a de Steve, em que seu nível de frustração o está atrapalhando, é hora de se sentar e falar da situação com o chefe.

Steve e seus colegas estavam tão chateados que decidiram se reunir com Helen e lhe dizer como se sentiam ao saber de notícias tão importantes por uma rede de boatos. Mas, quando estavam discutindo o que diriam a ela, a conversa ficou acalorada, por isso Steve se ofereceu para falar pelo grupo. Eles concordaram que esse seria o melhor modo de encaminhar a discussão.

Primeiro passo: pense antes

Steve deu um passo gigantesco quando disse que poderia ser o porta-voz do grupo. Sabia que precisava permanecer calmo e objetivo durante a discussão. Como também estava chateado, essa seria uma tarefa difícil. Planejou se concentrar em como a falta de comunicação por parte de Helen afetava o grupo. Pensou com cuidado no diálogo que teria. Quando se sentiu confiante para falar de modo assertivo e permanecer controlado, disse a Helen que a equipe gostaria de marcar uma reunião para conversar sobre as notícias da fusão. Steve falou em tom positivo, manteve a expressão facial neutra e projetou uma postura confiante, que sustentou durante toda a reunião.

Segundo passo: procure compreender melhor

Quando estavam todos na sala de reunião, Helen disse:
– Steve mencionou que vocês queriam saber por que não contei sobre a fusão da empresa. O motivo é que sei muito pouco a respeito.
Steve falou:
– *Ficar sabendo de uma coisa tão importante por meio de boatos nos incomodou. Sentimos que você é quem deveria ter nos contado* (**frase com "eu"**).
– Como eu disse, não havia muito a dizer, por isso pensei em esperar até ter mais informações – reiterou Helen.
Mas Steve não estava acreditando muito no que ela dizia. Conhecia Helen suficientemente bem para ter certeza de que, mesmo que tivesse mais informações, ela não se daria ao trabalho de dividi-las com a equipe. Disse:
– *Entendemos o seu ponto de vista* (**compreensão**), mas será que você compreende por que estamos tão chateados por ficar sabendo de algo tão importante por meio de outras fontes?

– Bom, desculpe. Não percebi que isso iria chatear vocês – disse Helen. – O que eu sei é o seguinte... – Ela explicou rapidamente o que sabia sobre a fusão.

Os integrantes da equipe assentiram e escutaram com respeito enquanto Helen repetia as notícias que eles já sabiam. Em seguida, esclareceram algumas questões sobre as informações que tinham ouvido.

Terceiro passo: defina o problema

– Obrigado, Helen. Achamos que você é quem deveria ter dado a notícia, em vez de nossos colegas – disse Steve. – Ficar sabendo da fusão por meio da rede de boatos é perigoso. Como dá para você perceber pelas nossas perguntas, algumas informações que ouvimos não eram exatas.
– Entendo – respondeu Helen.

Quarto passo: ofereça a melhor solução

Steve acrescentou:
– *O que gostaríamos é que você nos mantivesse informados sobre a fusão* (**ajuste**).

Quinto passo: concordem com a resolução

– Farei isso – disse Helen.
Steve encerrou a discussão dizendo:
– *Agradecemos por você nos manter informados sobre qualquer novidade* (**resolução**). *O que acontece em nossa empresa importa muito para cada um de nós. Assim, obrigado pela compreensão* (**reconciliação**).

Por que isso funciona

Em vez de falar da falta de comunicação de Helen, Steve decidiu que o melhor modo de abordar o problema seria concentrar-se na situação específica. Permaneceu positivo e calmo durante toda a discussão, enquanto o restante do grupo deixava que ele encaminhasse o diálogo. Ele perguntou se ela entendia por que eles estavam chateados. E, quando Helen pediu desculpas e contou à equipe o que sabia, Steve passou a definir o problema. Em seguida, propôs o ajuste com muita clareza. Quando Helen concordou, ele ofereceu frases de resolução e reconciliação. Depois da reunião, Steve e os colegas concordaram em tentar encorajar Helen a se comunicar melhor. Planejaram dali em diante levá-la a se envolver mais, fazendo perguntas e discutindo o que estava acontecendo na empresa e na equipe.

> **ALGO PARA PENSAR**
>
> Não espere o copo transbordar, como Steve e a equipe fizeram. Assuma uma abordagem proativa com um chefe pouco comunicativo e dê início às conversas. Faça perguntas. Peça opiniões. Fale quando alguma atitude o incomodar. Quando estiver mais envolvido e conhecer boas técnicas de comunicação, você se tornará uma pessoa que fala com eloquência e credibilidade. Ser um comunicador competente é um processo de aprendizagem para a vida toda, com o qual todos podem se beneficiar.

Como fazer a abordagem certa

Aplique os seguintes princípios quando lidar com um chefe pouco comunicativo:

- Assuma uma abordagem proativa em vez de reclamar ou ficar remoendo as atitudes do chefe. Tente romper o bloqueio de comunicação falando mais.
- Faça perguntas se o chefe não o mantiver informado sobre questões da empresa.
- Peça um feedback se ele não tiver feito isso.
- Garanta que compreende quais são as expectativas quando o seu chefe lhe der um serviço.
- Dê um passo de cada vez e, assim, você poderá ensinar seu chefe a se comunicar melhor. No mínimo, você fará com que suas necessidades sejam conhecidas, além de melhorar suas habilidades de comunicação.
- Reúna-se com seu chefe e explique os problemas causados pela falta de comunicação se todo o restante falhar.
- Dê exemplos específicos, mas não bombardeie o chefe com palavras demais. Você deixará claro seu ponto de vista atendo-se a um ou dois argumentos.
- Ofereça um ajuste e assuma a responsabilidade em conjunto para melhorar a comunicação.
- Lembre ao chefe o que vocês combinaram se, daí em diante, ele voltar aos velhos hábitos.

COMO LIDAR COM UM CHEFE PASSIVO

Corey ouviu Kelly, sua colega de trabalho, falar de modo grosseiro com um cliente, algo que ela fazia com frequência. Ainda que

Corey se incomodasse com a deselegante atitude da colega, ficava mais chateado ainda porque a chefe deles, Kate, permitia que o mau comportamento tivesse continuidade. Kate era mais interessada em ser amiga de todo mundo do que em ser a chefe. Corey gostava de Kate, mas preferiria que ela agisse mais como gerente.

Como Kate, os chefes passivos querem ser amigos de todo mundo. São pessoas agradáveis, mas ser simpático não se traduz necessariamente em ser bom chefe. Na verdade, esse é um dos piores estilos administrativos que você encontrará. Chefes desse naipe deixam que os outros tomem todas as decisões, evitam conflitos a todo custo, não estabelecem expectativas altas, inventam desculpas para os fracassos e fazem comentários ineficazes. Como resultado, desentendimentos e problemas infeccionam e crescem. Eles não se sentem confortáveis em dar feedbacks corretivos ou negativos, por isso falam em termos genéricos. Não dão treinamento; presumem que os funcionários vão se atualizar uns com os outros. Chefes passivos parecem pessoas sem objetivos, desengajadas, que têm medo de correr riscos. Basicamente, são gerentes que não põem a mão na massa e, quando administram, usam medidas passivo-agressivas, como dar um olhar enviesado para alguém em vez de falar o que os incomoda e resolver a questão de modo construtivo. Esperam que suas medidas tácitas comuniquem o que são incapazes de dizer. São chefes ineficientes que, ainda que amigáveis, exasperam os empregados, particularmente aqueles que estabelecem altas expectativas para si próprios.

O fato é que os gerentes passivos não querem parecer controladores, por isso administram por meio da esperança. Esperam que tudo dê certo, que os resultados sejam satisfatórios e que os empregados façam bem o trabalho. Mas, com o tempo, até os funcionários de excelência sentem-se cansados de gerenciar para o gerente. Se você trabalha com um chefe passivo, tente não deixar que sua frustração o atrapalhe ou faça você parar de se importar com a sua habilidade de ser útil. Apesar do medo que o chefe tem de gerenciar, mostre o seu talento do melhor modo possível. Tente ajudar o chefe a aprimorar suas qualificações, falando e pedindo aquilo de que você precisa. Se você tem necessidade de treinamento adicional, peça. Se gostaria de receber uma opinião mais específica, diga ao chefe como você gostaria de recebê-la. Se você quer uma administração mais mão na massa, deixe isso claro. E, quando outro funcionário teimar em pisar na bola, converse com o chefe e explique as consequências de permitir que o problema se repita.

Naquela tarde, Corey recebeu o telefonema de uma cliente furiosa. Ela havia desligado na cara de Kelly, porque percebeu na funcionária um tom ofensivo. Corey fez o máximo para acalmar a cliente, mas depois de desligar decidiu que era hora de ter uma conversa com Kate, a chefe. No passado, havia falado com Kelly, mas ela não mudou o comportamento, por isso ele achou que não tinha escolha a não ser pedir que Kate cuidasse da situação. Kate não queria causar atritos, mas esse era o momento em que ela precisaria enfrentar o problema.

Primeiro passo: pense antes

Corey parou por alguns minutos para se acalmar antes de confrontar Kate. Pensou em como explicar seu argumento e decidiu se concentrar em como a cliente ficou furiosa depois de falar com Kelly. Planejou mostrar com clareza que esse comportamento não poderia mais ser tolerado. Ao permitir que Kelly continuasse a ser grosseira, Kate estava quase incentivando os clientes a procurar outro fornecedor.

Segundo passo: procure compreender melhor

Corey assumiu um tom direto quando entrou na sala de Kate.
– Há uma coisa me incomodando. Não falei sobre isso antes, mas não dá mais para ficar sentado sem fazer nada.
– O que é, Corey?
Corey sentou-se, olhou direto para Kate e declarou com assertividade:
– Sei que você deve escutar como Kelly trata os clientes dela, mas você nunca a corrige. Não sei por que você permite que ela continue a ser grosseira com eles.
Kate se remexeu na cadeira.
– Eu falei com ela outro dia. Não sabia que ela continuava sendo mal-educada.
– *Não imaginava que você havia chamado a atenção dela. Eu conversei com a Kelly, mas nada mudou* (**compreensão**). – Corey continuou: – *Você consegue entender como é chato ter de ouvir a Kelly ofendendo os clientes dia após dia?* (**frase com "eu"**)
– Ah, claro que consigo. Eu tentei ser legal quando falei com ela e esperei que ela mudasse, mas, pelo que você me conta, isso não aconteceu.

Terceiro passo: defina o problema

Corey disse:
– Até hoje eu não achava que tinha o direito de tocar nesse assunto com você, mas hoje à tarde precisei atender a uma cliente que ficou tão chateada que desligou na cara da Kelly, para não ser tratada com grosseria. Acho que eu não deveria ter de cuidar dos clientes dela quando eles ficam irados.
– Concordo. Vou falar com ela mais uma vez.

Quarto passo: ofereça a melhor solução

Como não acreditava que Kate lidaria com Kelly de modo eficaz, Corey ofereceu um ajuste:
   – *Como a situação me envolveu, eu gostaria de estar presente quando você falar com ela. Desse modo, posso relatar o que aconteceu com a cliente e dizer à Kelly como isso me incomodou. Você pode se dirigir a ela a partir daí e dizer como espera que trate os clientes daqui para a frente* (**ajuste**).
   – Certo, é uma boa ideia – disse Kate. – Vou ligar para ela agora mesmo.

Quinto passo: concordem com a resolução

– *Seria ótimo* (**resolução**) – respondeu Corey. – *Tenho certeza de que, juntos, podemos levar esse entrave a uma conclusão positiva* (**reconciliação**).

Por que isso funciona

Corey foi muito direto ao falar com Kate, o que a fez ter certeza de que ele não estava disposto a aceitar mais o mau comportamento de Kelly.

Ele se certificou de que ela entendia como ele estava se sentindo e depois definiu o problema que havia tido ao atender a cliente de Kelly.

Como não confiava na capacidade de Kate para lidar com a situação, ofereceu-se para participar da solução e ela concordou imediatamente.

> **ALGO PARA PENSAR**
>
> Com um chefe passivo, não faça rodeios nem pise em ovos. Esse tipo de chefe não quer lidar com nenhum tipo de adversidade. Por isso, se você precisa que seu chefe cuide de algum assunto espinhoso, como Corey, afirme isso com clareza e assertividade. Ofereça um exemplo de como gostaria que a situação fosse tratada, o que pode dar ao chefe uma ideia e um direcionamento. Ou, como Corey, ofereça-se para participar da solução do problema.

Como fazer a abordagem certa

Aplique os seguintes princípios ao lidar com um chefe passivo:

- Você pode achar que não é sua função ser chefe do seu chefe, mas pode ajudar a provocar mudanças nele. Encoraje-o a ser mais proativo.
- Em vez de ficar sentado observando os problemas se avolumarem, afirme com muita clareza do que você precisa.
- Se outro funcionário fizer algo que afeta o seu trabalho, fale com seu chefe. Converse de modo assertivo, conte o que aconteceu e explique como isso perturbou você.
- Se o seu chefe disser algo para amenizar o problema em vez de encará-lo, não aceite a resposta dele a menos que você esteja confiante de que ele fará o que precisa ser feito.
- Se for do seu interesse, ofereça ajuda, como Corey fez com Kate.
- Se você permanecer envolvido na questão que o aborrece, poderá pedir aquilo de que precisa.

COMO LIDAR COM UM CHEFE REATIVO

Valerie estava completando o pedido de um cliente quando Denise, sua chefe, foi até a equipe e disse:
– Ei, pessoal, preciso que vocês parem o que estão fazendo. Acabei de saber que nossa vice-presidente vai passar aqui no escritório esta tarde. Quero que cada um de vocês comece a trabalhar nos relatórios trimestrais. Quando a Sra. Barrett entrar, quero que ela veja que estamos com tudo sob controle.

Valerie achou que esse era um pedido ridículo, já que o trimestre não havia terminado e o relatório só precisaria estar na sala da vice-presidente uma semana depois do fechamento do trimestre. Já ia dizer alguma coisa, mas, sabendo como Denise era reativa, começou a compilar o relatório. Mesmo assim, ficou imaginando por que seria necessário. Não era mais importante trabalhar nos pedidos dos clientes que estavam em cima do prazo do que começar um relatório que ela não poderia terminar?

Alguns chefes não pensam bem sobre determinados assuntos. Em vez de ser proativos, reagem a estímulos externos sem usar o pensamento crítico. Em vez de ter planos de contingência preparados, saltam para as questões antes de analisar as consequências. Quando acontece uma emergência, entram de imediato em modo de crise. Essas pessoas costumam ser muito emocionais, frustram-se com facilidade e podem se mostrar instáveis quando incitadas. São como bananas de dinamite que explodem com facilidade. Quando algo as incomoda, partem para comportamentos inadequados, como gritar, jogar objetos no chão ou agir feito uma criança tendo um chilique.

Trabalhar com um chefe reativo pode ser exasperante, especialmente se você for uma pessoa calma e controlada. Ele promove um ambiente disruptivo com seus grupos de trabalho. Quando seu chefe reage a todo estímulo externo antes de pensar bem na situação, ele pode acabar atraindo você para a correria. Tente não entrar nesse jogo, caso contrário será apanhado pelo caos. Os funcionários podem se cansar tentando acalmar um chefe reativo e se esforçam bastante tentando consertar um problema só para pacificá-lo. Converse com ele sobre a criação de um plano de contingência para esse tipo de circunstância. Toda a equipe costuma ser afetada pelo chefe reativo. Assim, se ele tornar a sua vida profissional um inferno, pode ser do seu interesse falar em grupo. Dê exemplos específicos de respostas reativas e do efeito que elas provocam na equipe. Apresente uma definição clara do problema e ofereça soluções práticas.

Valerie e seus colegas estavam resmungando enquanto começavam a trabalhar nos relatórios trimestrais.

– Não faz o menor sentido. Não temos os resultados do fim do mês, então como vamos impressionar a Sra. Barrett?

– Você não acha que ela se surpreenderia mais se visse como fazemos o nosso trabalho?

– Denise agiu sem pensar mais uma vez.

Eles concordaram que as reações bruscas de Denise os desgastavam. Na semana anterior, ela reagira com exagero quando dois funcionários adoeceram, obrigando o restante da equipe a fazer todo o trabalho em vez de analisar o que de fato precisava ser feito. Valerie disse:

– Acho que é hora de falarmos com ela. Obrigar a gente a fazer tarefas desnecessárias é ridículo. Eu falo, desde que todos vocês me apoiem.

O grupo concordou, e juntos foram à sala de Denise.

Primeiro passo: pense antes

Valerie pensou rapidamente enquanto todos andavam em direção à sala da chefe. Queria se apresentar como uma pessoa calma, controlada e respeitosa ao dizer que não fazia nenhum sentido trabalhar nos relatórios trimestrais quando tinham pedidos de clientes para ser encaminhados. Além disso, pensou num ajuste que esperava que Denise aceitasse.

Segundo passo: procure compreender melhor

– Denise, gostaríamos de conversar com você sobre os relatórios trimestrais que você pediu que começássemos a preparar para mostrar à Sra. Barrett.

Valerie disse isso com confiança, combinando as expressões faciais e a postura com o modo de falar.

– Claro, o que é? – Denise pareceu surpresa ao ver os cinco funcionários na sala.

– Gostaríamos de saber se é um trabalho que a Sra. Barrett pediu que fizéssemos.

– Bom – respondeu Denise. – Não. Foi ideia minha. Quero que ela veja como trabalhamos a todo vapor.

Valerie disse, séria:

– Você acha isso necessário quando temos pedidos de clientes para encaminhar? Se colocarmos os pedidos de lado para começar os relatórios, podemos deixar alguns clientes insatisfeitos. Será que isso não deveria ser mais importante do que um relatório que não vamos terminar a tempo?

– Eu não sabia que todos vocês tinham prazos de entrega tão urgentes – disse Denise.

Terceiro passo: defina o problema

– Todos nós temos, e sua ordem está causando um problema. *Quando você pediu para deixarmos de lado o que estávamos fazendo e começarmos a trabalhar nos relatórios que não estão no*

prazo, ficamos frustrados (**frase com "eu"**). *Puxa, nós entendemos que você quer que a equipe pareça eficiente, mas, se isso significa chatear os clientes, o que eles vão achar de nós?* (**compreensão**)
– Que não somos muito competentes – ponderou Denise.

Quarto passo: ofereça a melhor solução

Valerie continuou:
– *Às vezes, achamos que você reage a qualquer coisa que está acontecendo no momento e isso provoca muita frustração em nós* (**frase com "eu"**). *Será que, antes de pedir para largar o que estivermos fazendo, você poderia primeiro discutir a solução com a gente? Assim, poderíamos pensar juntos e lhe dar ideias adicionais que ajudariam a decidir o melhor caminho a seguir. Se você soubesse que tínhamos pedidos de clientes a atender, não estaríamos aqui na sua sala* (**ajuste**).
– Desculpe, pessoal. Sei que às vezes eu passo do ponto. Vou tentar não fazer isso no futuro. Acho que sua sugestão de conversarmos sobre as questões é válida. – Denise parecia genuinamente arrependida.

Quinto passo: concordem com a resolução

– *Que bom* (**resolução**). *Todos queremos fazer o máximo por você, mas também queremos fazer o máximo pelos clientes* (**reconciliação**).
– Valerie sentiu orgulho de como havia encaminhado a conversa.
– Sei disso – respondeu Denise.
– E, sobre os relatórios trimestrais, você ainda quer que comecemos a trabalhar neles ou devemos encaminhar os pedidos dos clientes? – perguntou Valerie.
– Não, primeiro completem os pedidos. Depois, se puderem, trabalhem nos relatórios.

Por que isso funciona

Denise pareceu ter sido apanhada de surpresa quando todo o grupo entrou em sua sala. Valerie, atuando como porta-voz, ajudou a manter a conversa num tom produtivo. Ela foi cuidadosa com o modo de falar e ao fazer perguntas para ajudar Denise a entender que o pedido feito minutos atrás não era nada prático. Depois, Valerie definiu o problema, tanto no caso específico como em termos gerais. E ofereceu um ajuste construtivo. Denise assumiu a responsabilidade por ter reagido com exagero e concordou com o ajuste. Dali em diante, o grupo concordou que, na próxima vez que ela agisse sem pensar, eles iriam lembrá-la, respeitosamente, do acordo de discutirem o assunto em questão.

> **ALGO PARA PENSAR**
>
> Só porque seu chefe é reativo não quer dizer que você precisa imitar essa característica dele. Para você, pode ser mais fácil concordar do que tirar um tempo para discutir as alternativas, mas, se você cair no hábito de sair correndo diante de cada capricho do seu chefe, vai se frustrar. Quando isso acontecer, você vai parar de gostar do seu trabalho e vai mudar de atitude. Assim, aja de modo proativo. Fale com o chefe sobre como as constantes reações exageradas estão dificultando a eficiência do trabalho.

Como fazer a abordagem certa

Aplique os seguintes princípios ao lidar com um chefe reativo:

- Não se deixe levar pela correria louca que ele cria.
- Respire fundo e não permita que a ansiedade o domine se isso só acontecer de vez em quando e você puder ceder sem prejudicar seu trabalho.
- Não adote o hábito de apaziguar um chefe que vive tendo reações bruscas.
- Pense num plano de contingência se você conseguir descobrir o que provoca a reação exagerada do chefe e apresente a ele. Mostre que quer fazer parte da solução, e é quase certo que seu chefe vai ouvi-lo.
- Conte a ele como a reatividade afeta o seu dia a dia. Não deve ser difícil para ele entender o seu ponto de vista.
- Ofereça um ajuste de modo que, juntos, vocês possam trabalhar para chegar às melhores soluções.

COMO LIDAR COM UM CHEFE ANTIÉTICO

Brittany trabalhava no departamento de cobrança, cuidando de contas atrasadas. Tinha acabado de falar com um cliente pelo telefone quando Zach, seu chefe, entrou em sua baia em estado de pânico.

– Ei, Brit, preciso de sua ajuda para a auditoria de amanhã. Acabei de descobrir que o Chris está muito atrasado com as ligações para os clientes devedores. Aqui está uma lista das contas dele. Preciso que você faça anotações em todas elas, dizendo que tentamos ligar para os clientes. Só ponha datas diferentes, para não parecer óbvio.

Brittany se sentiu desconfortável por fazer algo que representava fraudar a auditoria. Pegou a lista com Zach sem dizer nada, mesmo tendo consciência de que o pedido era antiético.

Pode ser bastante desalentador quando seu chefe pede para você fazer algo que vai contra os seus princípios. Você sabe o que é certo e o que é errado e fica imaginando por que ele não parece ter a mesma moral e os mesmos padrões elevados que você. Chefes antiéticos desconsideram as políticas da empresa. Acham que as regras se aplicam a todas as outras pessoas e não consideram uma falha flexibilizá-las de acordo com suas necessidades. Podem mentir e trapacear para alcançar o sucesso. São mestres em distorcer a verdade. E o comportamento antiético pode chegar a condutas ilegais, manipulando comprovantes de gastos, levando suprimentos para casa ou tirando folga sem autorização. E tudo isso significa roubar da empresa.

Assim, o que fazer quando você trabalha com um chefe antiético? Você gosta do que faz e pode até gostar de quem está no comando – só não admite falta de ética. Trabalhar com alguém assim pode ser incompatível com o que você pensa, especialmente se for obrigado a ceder ou se calar sabendo que as atitudes de seu chefe são nocivas. Você perde a confiança nele com rapidez. E, portanto, deixa de se sentir bem na empresa em que trabalha. Se o seu chefe tiver um comportamento antiético e isso não afetar você, você deverá decidir se vai ignorá-lo ou procurar a opinião de um superior. Essa é sempre uma decisão difícil, porque passar por cima do chefe pode provocar consequências negativas para a sua carreira. Pode ser mais recomendável pedir conselho a alguém de confiança.

Mas se o comportamento antiético agride você moralmente, e seu chefe lhe pede para fazer algo que é errado, recuse. Explique que não pode obedecer. Se ele exigir e você for obrigado a ceder, verbalize a oposição. Fale com calma e demonstre suas preocupações. Dê ao chefe a chance de fazer o que é certo. Se ainda assim ele mandar que você faça a tarefa, declare sua contestação por escrito. Mande um e-mail para o chefe e explique por que se sente desconfortável em realizar essa tarefa. Registrar por escrito serve a dois objetivos: você está se protegendo e pode fazer o chefe pensar duas vezes antes de envolvê-lo numa situação delicada. Quando você trabalha com um chefe antiético, precisa pensar primeiro em você mesmo para evitar resultados negativos. Documente cada conversa e imprima qualquer e-mail ou outros materiais escritos que o apoiem se você decidir procurar um superior, caso o comportamento antiético continue.

Depois de pensar no que Zach havia pedido, Brittany decidiu dizer a ele que se sentia incomodada em fazer anotações nas contas só para conseguir uma nota maior da auditoria, quando sabia que os clientes não haviam sido contatados. Zach não tinha problema em flexibilizar as regras para ser bem visto pelos outros, mas envolvê-la na falcatrua era bem diferente, e Brittany não queria prejudicar sua carreira por causa do chefe.

Primeiro passo: pense antes

Brittany precisava confrontar Zach e expressar sua apreensão. Esperava que, ao se explicar, ele entendesse e tomasse a decisão certa de não fazer as anotações nas contas. Ela tinha que mostrar que era uma pessoa forte e inabalável. Caso contrário, não conseguiria apresentar seu argumento.

Segundo passo: procure compreender melhor

Conversou com Zach na sala dele, onde podiam discutir o assunto em particular.

– *Zach, eu não me sinto confortável com o seu pedido de fazer anotações nas contas do Chris* (**frase com "eu"**). *Entendo por que você pensou nessa saída para ficarmos bem com a auditoria* (**compreensão**). *Só não acho que você deveria pedir que eu fizesse as anotações se os clientes não foram contatados.*

– Não é nada de mais. Eu pedi porque você é a melhor funcionária que tenho e vai fazer isso para mim.

Zach não pareceu abalado com o desconforto dela. Brittany disse:

– Obrigada pelo elogio. Mas você entende por que estou incomodada em levar adiante o seu pedido?

– Na verdade, não.

– Digamos que eu faça as anotações nas contas mesmo sabendo que o Chris não deu os telefonemas. E depois o auditor descobre que fui eu que fiz isso. – Brittany olhou para Zach, mantendo a cabeça erguida e uma expressão facial séria.

Terceiro passo: defina o problema

Brittany explicou:

– Meu problema é o seguinte: digamos que alguém descubra. Pode ser uma possibilidade remota, mas ainda assim é uma possibilidade. *Zach, eu poderia ser demitida, e não estou disposta a correr esse risco* (**frase com "eu"**).

– Você não vai ser demitida – disse Zach. – Se acontecer alguma coisa, eu defendo você.

Quarto passo: ofereça a melhor solução

Brittany não recuou. Apresentou um ajuste forte:

– *Zach, não pretendo fazer o que você me pede. Vou simplesmente dizer não. Minha sugestão é mandar o Chris ligar para os clientes e fazer as anotações devidas nas contas* (**ajuste**).

– Certo. Vou mandar o Chris começar a telefonar agora e vou lhe dar a lista incompleta esta tarde. Mas precisamos que todos sejam contatados.

Quinto passo: concordem com a resolução

– Vamos fazer isso (**resolução**) – garantiu Brittany. – *Zach, você sabe que eu faria praticamente qualquer coisa por você, mas não algo que eu considere errado. Fico contente por você ter entendido* (**reconciliação**).

Por que isso funciona

Brittany poderia ter feito as anotações nas contas, mas isso iria torná-la parceira no crime. Como se defendeu, ela conseguiu que Zach concordasse com o ajuste. Ela sabia que estava correndo um risco, porque o chefe poderia ordenar que ela obedecesse à ordem. Nesse caso, ela estava preparada para mandar um e-mail, documentando a conversa e reiterando que o pedido era antiético. Brittany ficou satisfeita por ele recuar e porque a conversa terminou num tom positivo.

ALGO PARA PENSAR

Se você trabalha numa empresa que não valoriza o comportamento ético, pode ser do seu interesse pedir demissão. Quando sua moral é diferente da moral da empresa em que trabalha, você se sente infeliz. Assim, faça um favor a si mesmo e procure outra vaga numa empresa cujos ideais tenham a ver com os seus.

Como fazer a abordagem certa

Aplique os seguintes princípios ao lidar com um chefe antiético:

- Se você sabe da falta de ética de seu chefe, mas o que ele faz não afeta você, pense antes de decidir como agir.
- Se decidir ignorar, fique longe do chefe o máximo possível. Você não vai querer dar a impressão de que o apoia. Só faça o seu trabalho do melhor modo possível.
- Se decidir levar o assunto a um superior, certifique-se de ter uma boa documentação.
- Se o seu chefe envolver você na questão, pedindo que faça algo que não é ético, recuse.
- Se for para o seu bem, explique por que você não pode realizar a tarefa.
- Se o seu chefe não lhe der escolha, confronte-o e diga com clareza por que não se sente confortável com o pedido.
- Se o seu chefe não recuar, mande um e-mail documentando a conversa. Em essência, você quer mostrar que discorda daquilo que ele lhe pediu para fazer.
- Essa atitude pode proteger você no caso de outra pessoa descobrir. Claro, você pode ter de explicar por que não denunciou o incidente, mas deve ser capaz de se defender da acusação. Afinal de contas, se você recebeu ordem de fazer uma tarefa, não teve muita escolha a não ser obedecer.
- Se puder, documente todas as conversas, imprima qualquer e-mail ou outros materiais que apoiem sua posição e guarde tudo num lugar seguro.

6

Frases poderosas para situações que você provoca

Quando alguém causa um problema para você, escolher frases poderosas e mandar mensagens não verbais adequadas vão ajudá-lo a se comunicar de maneira construtiva, não importando a profundidade do atrito ou a pessoa envolvida. Pode demorar para você desenvolver confiança, mas não subestime sua capacidade de lidar com a desavença. Se trabalhar nos cinco passos para a solução eficaz de conflitos apresentados no Capítulo 3, mesmo que desajeitadamente a princípio, você acabará reforçando suas habilidades. Quando vir os resultados bem-sucedidos, ganhará segurança para resolver qualquer discórdia.

Mas o que acontece quando você é a causa do problema? Quando ofende alguém ou faz bobagem e diz palavras inadequadas? Se você tiver consciência de que provocou o atrito, não o ignore. Assuma a iniciativa e fale com a outra pessoa antes que ela confronte você. Pense no que disse e em como isso pode ter afetado seu interlocutor. Decida o que quer dizer para fazer uma reparação.

Ao falar com quem foi ofendido, você deve pedir desculpas e definir o que de fato aconteceu. *"Desculpe ter falado coisas depre-*

ciativas sobre sua proposta durante nossa reunião" (**desculpas**). Se você achar que é necessário, ofereça uma explicação: "*Honestamente só percebi depois o impacto das palavras. E então fiquei sem graça demais para dizer qualquer outra coisa*" (**frase com "eu"**). É provável que a outra pessoa tenha a mesma interpretação que você. Por isso, em vez de fazer perguntas para obter uma compreensão melhor, reitere sua definição do problema, demonstrando empatia. "*Não pensei antes de falar e sei que você está chateado ou com raiva de mim*" (**compreensão**). Agora dê à pessoa a chance de responder. Ela pode dizer: "Ah, aquilo não me incomodou." Ou então: "Você está certíssimo. Eu fiquei furioso." De qualquer modo, ofereça um ajuste: "*Daqui em diante prometo que vou me esforçar ao máximo para pensar antes de abrir a boca*" (**ajuste**). Encerre a conversa com frases de resolução e reconciliação. "*Obrigado por ser tão compreensivo*" (**reconciliação**). E só. Quando você segura o rojão e assume o erro, a reação tende a ser positiva, a conversa é rápida, e todos os seus relacionamentos profissionais permanecem fortes.

Mas haverá ocasiões em que algo que você disse ou fez incomodará outra pessoa sem que ao menos você perceba. Se ela tiver habilidade para lidar com conflitos, a conversa será resolvida seguindo os passos. Mas, quando o interlocutor é incapaz de solucionar um atrito, pode falar generalidades ou usar medidas passivo-agressivas, ou então ignorar você ou olhá-lo com raiva. Nesse caso, você precisará discernir o que está acontecendo. Ou a pessoa pode confrontar você num tom de acusação, atacar o seu caráter, gritar, dizer palavras ofensivas. O objetivo desses ataques pessoais é fazer você se sentir mal e colocá-lo em seu devido lugar. E em geral esse é o resultado.

Quando isso acontecer, você terá dificuldade de manter a compostura. Sejamos honestos: nós gostamos de receber elogios, mas não gostamos de ouvir críticas, especialmente se forem feitas de modo rancoroso e maldoso. Você pode achar difícil engolir comentários negativos, mas pode se beneficiar deles se parar para ouvir, avaliar, decidir se são válidos. Assim, use o feedback como catalisador de mudança.

Como você reage a alguém que o culpa com raiva ou exasperação? Recue um pouco, controle as emoções, respire fundo. Pense no comentário com a mente aberta. Olhe a situação pela perspectiva da outra pessoa. Ponha o orgulho de lado. Ouça as palavras. Se o feedback for válido, você chateou a pessoa e terá de resolver o conflito para ir em frente. Siga os cinco passos, e você poderá dar uma reviravolta na conversa, resolver o problema e prosseguir.

SOLUÇÃO DE CONFLITOS: O MODO ERRADO

Jodie trabalhava como repórter num jornal e estava revisando um artigo que havia escrito quando Ted, um colega de trabalho, entrou em sua baia. Pegando-a desprevenida, ele disse com raiva:

– Você sempre me ignora quando faço perguntas ou tento falar com você. Não entendo por que você faz isso comigo e estou farto. Não mereço ser tratado assim, e parece que você se acha melhor do que eu. Isso é grosseria.

Ted olhou irritado para Jodie, que ficou perplexa. Ela se orgulhava de se dar bem com os colegas e em ser solícita e ajudar todos eles, inclusive Ted. Mostrou-se tão consternada que contra-atacou:

– Não sei do que você está falando e não gosto nem um pouco do seu tom. Eu não ignoro você sempre. Se não respondo, talvez seja porque você faz perguntas tolas que não merecem resposta. Já pensou nisso? E, por sinal, não sou grosseira. Eu me dou bem com todo mundo. Isto é, com todas as outras pessoas.

Ted disse bruscamente:

– Ah, você acha mesmo? Bom, eu discordo. E sinto muito se você pensa que eu faço perguntas estúpidas. Talvez, se você descesse do seu pedestal de vez em quando, seria mais legal com as pessoas. E, sim, você é grossa!

Ele não esperou resposta e saiu pisando firme, deixando Jodie vermelha de raiva.

POR QUE ISSO NÃO FUNCIONA

Quando Ted confrontou Jodie de modo combativo, ela se defendeu com agressividade, em vez de parar um tempo para se recuperar, controlar-se e pensar no melhor modo de responder. Isso não tomaria muito tempo, mas ela reagiu sem pensar. E ao fazer isso falou com ele como ele havia falado com ela, cheia de raiva. Até então Jodie sempre havia se orgulhado de ser capaz de se relacionar bem com os colegas. Achava que se comunicava bem com eles e que podia resolver qualquer problema de modo eficaz. Mas convenceu-se de que agora era diferente. Era um ataque direto ao seu caráter, e ela estava no direito de se defender. Concluiu que Ted a havia pegado desprevenida e, como resultado, não teve tempo de se preparar para uma conversa construtiva. Tentou se convencer de que tinha o direito de falar com ele de maneira agressiva, mas se arrependeu de ter perdido o controle.

Mais tarde, depois de pensar no que ele havia dito, Jodie admitiu que algumas vezes havia fingido não escutá-lo. Mas isso era porque ele fazia perguntas sem perceber que ela estava num ponto crucial de sua escrita. Quando estava envolvida demais no trabalho, redirecionar a atenção para responder à pergunta dele faria com que ela perdesse a concentração. Assim, às vezes ela fingia não escutar. Queria explicar isso a Ted, mas ainda estava com raiva de como ele a havia atacado – e sem graça por ter perdido a compostura –, por isso o ignorou pelo resto do dia. No dia seguinte, os dois foram frios um com o outro. À medida que o tempo passava, Jodie repassou o que Ted havia dito. E sempre que fazia isso lembrava-se de que tinha o direito de sentir raiva. Em consequência, o relacionamento profissional dos dois se tornou tenso.

PRIMEIRO PASSO: PENSE ANTES

Você sabe que deve pensar antes de reagir a qualquer declaração ou pergunta e escolher as palavras com sabedoria, mas nem sempre é fácil quando alguém confronta você com um comentário negativo. Pode ser quase impossível quando essa pessoa ataca o seu caráter, porque você fica agitado, magoado ou com raiva. Sua reação provável, como a de Jodie, é se defender. Você quer se contrapor de imediato à acusação, mas o problema de se defender sem pensar antes é que você reagirá de modo defensivo. Quando você perde o controle, pode continuar por esse caminho, dizendo coisas das quais se arrependerá mais tarde. E, quando isso acontece, é quase impossível restabelecer o bom contato e ter um diálogo produtivo para a solução do conflito. A raiva e o ressentimento costumam acompanhar a defensividade, e você tem mais chance de se concentrar nessas emoções do que em pensar de modo lógico. Você deveria treinar sua mente para pensar dessa maneira quando confrontado por alguém, ainda mais se o embate for bastante ruim.

Pare um momento para se recuperar do ataque verbal. Faça uma pausa antes de responder. Morda a língua, se necessário. Acalme os pensamentos e se recomponha. Concentre-se em ouvir atentamente sem interromper. Sua reação emocional será de interromper, explicar ou discordar. Não faça isso. Não importa como a mensagem for dada, ouça com atenção. Entenda que a pessoa que faz o comentário pode não ter aprendido os componentes da resolução eficaz de conflitos. Assim, permita que ela termine o que está pensando, sem interrompê-la.

Enquanto você escuta, mantenha uma expressão facial neutra ou atenta. Ouça sustentando o contato visual, mas não reaja de modo exagerado levantando as sobrancelhas, abrindo a boca ou trincando os dentes. Respire fundo para manter a compostura. Mantenha a linguagem corporal relaxada, não cruze os braços nem aparente tensão.

Não responda de imediato, ainda que você queira fazer isso. E não se permita ficar na defensiva. Pare um momento para processar o que a pessoa está dizendo. Se, como Ted, a pessoa usar as palavras "sempre" ou "nunca", ignore-as porque são verbalizadas com raiva ou frustração. Pergunte-se o que a pessoa está dizendo de fato. Avalie se o comentário é válido. Independentemente do que você decidir, o interlocutor está com um problema, por isso você precisará resolver a questão. Pense no melhor modo de responder, depois continue o diálogo usando o processo de cinco passos para chegar a um acordo.

Pontos fundamentais

Treine os seguintes pontos que ajudam você a pensar primeiro:

- Concentre-se em ouvir com atenção, sem interromper. Permita que a pessoa fale o que pensa.
- Não reaja enquanto estiver escutando. Mantenha as expressões faciais neutras, sem demonstrar raiva ou choque.
- Deixe a postura relaxada e tente não cruzar os braços nem tensionar o corpo.

- Não fique na defensiva.
- Permaneça calmo e controlado, porque isso ajudará a processar as informações de modo lógico.
- Pare antes de responder.
- Pense antes de falar. Avalie o comentário e planeje uma resposta.
- Decida como responder, concentrando-se em seguir o processo dos cinco passos.

Parando para pensar sobre um conflito

Jodie trabalhava como repórter num jornal e estava revisando um artigo que havia escrito quando Ted, um colega de trabalho, entrou em sua baia. Pegando-a desprevenida, ele disse com raiva:
– Você sempre me ignora quando faço perguntas ou tento falar com você. Não entendo por que você faz isso comigo e estou farto. Não mereço ser tratado assim, e parece que você se acha melhor do que eu. Isso é grosseria.

Ted olhou irritado para Jodie, que ficou perplexa com o que ele disse. Seu pensamento imediato foi de se defender da acusação, especialmente quando ele disse que ela sempre o ignorava, porque sabia que isso não era verdade. Quando sentiu a raiva borbulhando, Jodie se controlou. Não respondeu nem reagiu. Em vez disso, projetou uma expressão facial interessada e pôs as mãos no colo enquanto ele falava. Acalmou os pensamentos acelerados respirando fundo e lentamente enquanto processava o comentário negativo. Sabia que Ted estava correto em parte; algumas vezes ela o havia ignorado. Mas só fazia isso quando precisava manter o fluxo de pensamento. Pensou em como responder de modo construtivo para resolverem o conflito com eficácia.

SEGUNDO PASSO: PROCURE COMPREENDER MELHOR

Não importa como a mensagem foi dada nem se você concorda com ela. Você ouviu com atenção, processou o recado e pensou em como continuar o diálogo. Diga algo positivo para deixar a outra pessoa à vontade: *"Foi bom você dizer isso. Vamos conversar"* **(ajuste)**. Ou: *"Obrigado por dizer isso. Eu gostaria de conversar mais"* **(ajuste)**. Tenha em mente que, mesmo que você não concorde com o comentário, alguma coisa que você disse ou fez provocou a crítica. Ir mais fundo e se certificar de que você entende o ponto de vista da pessoa ajudará a saber o que provocou o comentário e ir em frente.

É importante garantir que vocês dois tenham o mesmo entendimento sobre o atrito. Você quer saber qual é a questão fundamental, por isso precisará abrir caminho em meio às palavras carregadas de emoção que estão associadas à mensagem central. Faça perguntas genéricas para obter mais informações. "Você pode me dar alguns exemplos de quando isso aconteceu?" Faça perguntas específicas para esclarecer as informações: "Você está dizendo que, na nossa reunião de ontem, eu interrompi quando você estava falando?" É importante esclarecer qualquer confusão ou mal-entendido antes de passar à definição do problema.

É fundamental permanecer objetivo ao fazer perguntas ou ao respondê-las. Essa não é a hora certa de se defender nem racionalizar o que provocou o comentário negativo. Quando você achar que os dois têm a mesma compreensão, ofereça uma frase de desculpas, se achar que essa atitude ajudará. *"Lamento você ter tido de me procurar para falar sobre isso."* **(desculpas)**. Quando pede desculpas, você não está necessariamente assumindo a responsabilidade pelo que provocou a conversa. Em vez disso, está compartilhando o pesar pelo que provocou a conversa. Depois ofereça uma frase de compreensão: *"Eu também ficaria chateado se me sentisse como você está se sentindo"* (**compreensão**).

Preste atenção à mensagem não verbal que você está mandando e também à que está recebendo. Mantenha as expressões faciais e a linguagem corporal relaxadas e neutras. Faça contato visual e assinta, demonstrando que entende o que a outra pessoa está dizendo. Busque sinais de que o interlocutor está se acalmando ou ainda se mantém emotivo. Ao projetar uma postura calma e serena, você ajudará a outra pessoa a se tranquilizar também.

Agora você deve estar preparado para definir o problema, mas, se precisar de mais tempo para processar a informação, diga: "Eu gostaria de pensar sobre isso e falar com você mais tarde, ainda hoje." Certifique-se de contatar a pessoa no prazo combinado. Caso contrário, ela pode ficar com mais raiva ainda. Não há problema em adiar a conversa se você precisar de tempo para pensar na situação, especialmente se alguém pegar você desprevenido e você não estiver preparado para continuar o diálogo.

Pontos fundamentais

Treine os seguintes pontos para obter uma compreensão melhor:

- Diga à pessoa que aprecia o comentário dela, independentemente de como tenha sido feito.
- Faça perguntas genéricas se precisar de mais informações.
- Faça perguntas específicas para esclarecer a informação e evitar mal-entendidos.
- Permaneça objetivo ao fazer perguntas e respondê-las.
- Ofereça uma frase de desculpas se achar que é necessário,

antes de tentar definir o problema. Diga algo como: *"Lamento o que aconteceu"* (**desculpas**). Não significa que você está assumindo a culpa pelo desentendimento, mas que você lamenta a desavença.
- Diga à pessoa que você gostaria de pensar a respeito e conversar mais tarde.

Entendendo melhor a situação

Jodie sorriu e demonstrou interesse em sua expressão facial quando disse:

– *Ted, valorizo o que você está dizendo e fico contente por conversarmos sobre o que está acontecendo* (**ajuste**).

Ted pareceu relaxar um pouco.

Jodie já havia admitido que algumas vezes ignorara Ted, por isso fez uma pergunta para esclarecer:

– Está dizendo que eu sempre ignoro você quando faz uma pergunta?

Ted admitiu:

– Bom, nem sempre. Mas muitas vezes, sim. Sei que você deve ter me ouvido, mas você age como se não tivesse.

Jodie assentiu, pensativa.

– *Sinto muito por você ter tido de falar sobre isso comigo. Eu também ficaria chateada se achasse que alguém estava me ignorando* (**desculpas, compreensão**). – Ela ficou satisfeita ao ver Ted sorrindo e se acalmando.

Jodie se sentia preparada para continuar a conversa, por isso acrescentou:

– Por que você não se senta? *Tenho certeza de que, conversando, resolveremos o problema* (**ajuste**).

TERCEIRO PASSO: DEFINA O PROBLEMA

Quando sentir que você e a outra pessoa estão pensando da mesma forma e prontas para esclarecer qualquer desentendimento, defina o problema. Quando alguém confrontar você, isso será abordado de modo um pouco diferente da situação em que você confronta outra pessoa. Se alguém procurar você para falar sobre algo que você disse ou fez, é importante definir o atrito segundo duas perspectivas: "Você enxerga a coisa deste modo... e eu enxergo deste." Ao definir os dois lados da questão, você equilibra o jogo. Depois, pode trabalhar para chegar a um acordo satisfatório.

Reitere as preocupações do interlocutor enquanto define o problema segundo o ponto de vista dele: *"Entendo que você sente que às vezes eu o interrompo durante as reuniões"* (**compreensão**). Busque a concordância: "Está correto?" Depois declare o seu ponto de vista: "Depois de pensar nisso, vejo que você está certo. Eu o interrompi algumas vezes." Em seguida, diga os seus motivos: "Mas isso é porque..." Dê suas razões na forma de uma frase com "eu" para mostrar como você se sente: *"Nós temos um tempo limitado nas reuniões, e eu fico incomodado quando você demora demais e não consegue falar"* (**frase com "eu"**). Se você não concorda com a afirmação, defina o problema pelo seu ponto de vista e ofereça uma frase de ajuste: "Eu nunca interrompi você intencionalmente, *mas vamos conversar sobre isso*" (**ajuste**).

Fale de modo respeitoso enquanto define a discordância, já que isso vai pavimentar o caminho para uma discussão aberta que levará a uma solução aceitável. Demonstre interesse com a expressão facial. Não fique emotivo, e mantenha um tom de voz neutro e uma postura relaxada.

Pontos fundamentais

Treine os seguintes pontos ao definir o problema:

- Recapitule as preocupações da outra pessoa: "Entendo que você sente que..." Isso define e esclarece o atrito pelo ponto de vista do outro.
- Defina o desentendimento segundo o seu ponto de vista.
- Declare um acordo após avaliar que o comentário estava correto: "Depois de pensar nisso, concordo com você."
- Diga algo se você concordar, mas quiser fornecer alguma informação adicional: "O motivo é o seguinte..."
- Mostre o seu ponto de vista depois de avaliar que o comentário estava errado: "Valorizo o que você está dizendo, mas preciso discordar."
- Ofereça uma frase de ajuste: "Vamos conversar sobre isso."
- Mantenha uma expressão facial atenta e fale devagar e com calma.

Definindo o problema para esclarecer os pontos de vista

Jodie disse:

– *Entendo que você sente que às vezes eu o ignoro quando me faz uma pergunta, não é?* (**compreensão**).

Ted assentiu. Jodie continuou falando em voz calma e mantendo uma expressão facial atenta:

– Pensei sobre isso e preciso concordar. Às vezes ignorei mesmo você. Mas o motivo é o seguinte: quando estou escrevendo um artigo, preciso anotar logo as ideias que vêm à mente, caso contrário acabo me perdendo. Quando você faz alguma pergunta nesse momento, eu continuo digitando para não perder a ideia porque, quando ela escapa, é para sempre.

E quando isso acontece eu fico frustrada (**frase com "eu"**). – Ela sorriu.

Ted disse:

– Ah, isso já aconteceu comigo também.

– *Se já aconteceu, então você entende a minha frustração* (**compreensão**).

– Entendo, sim.

QUARTO PASSO: OFEREÇA A MELHOR SOLUÇÃO

Quando você define o atrito pelos dois pontos de vista e demonstra respeito pela opinião da outra pessoa, cria um diálogo para que o interlocutor esteja aberto a ouvir sua resolução. Assim que os dois concordarem com a definição do problema, não elabore demais nem fique repassando o argumento. Esteja preparado para oferecer a melhor solução. Se a outra pessoa oferecer uma saída primeiro, analise-a com rapidez e concorde com ela ou ofereça um ajuste.

Permaneça flexível durante o diálogo, especialmente se vocês discordarem muito em relação à melhor solução. Não permita que a discussão se desvie ou retroceda. Resolva quaisquer diferenças mostrando que está disposto a cooperar, porque a cooperação leva ao consenso.

Se a discussão estagnar, sugira que cada um apresente de novo sua melhor solução e analisem juntos as consequências de cada uma.

Se o pior acontecer, vocês podem ter que aceitar a discordância e deixar o assunto de lado, especialmente se a outra pessoa não estiver disposta a cooperar ou não entender seu ponto de vista.

Pontos fundamentais

Treine os seguintes pontos quando oferecer a melhor solução:

- Assim que concordarem com a definição do problema, ofereça sua melhor solução.
- Se a outra pessoa der uma alternativa primeiro, analise-a com rapidez.
- Se você concordar com ela, deixe claro. Caso contrário, ofereça um meio-termo.
- Se você permanecer flexível poderá negociar bem a resolução.
- Se estiver disposto a cooperar, discuta alternativas para a solução proposta.
- Se a conversa não for em frente, permaneça nos trilhos da discussão. Vocês já concordaram com a definição, de modo que não é necessário refazer essa parte do diálogo.
- Se vocês não conseguirem resolver o problema, talvez precisem aceitar a discordância.

Oferecendo a melhor solução para o problema

Ted sugeriu:
– Desculpe. De agora em diante não vou mais fazer perguntas quando vir que você está digitando.

Jodie pensou na solução proposta e disse:
– *Não, não quero que você faça isso. Que tal o seguinte? Se você vier e eu estiver digitando, espere até eu anotar a ideia. E, se eu estiver concentrada demais, vou lhe dar um sinal indicando que não é uma boa hora. Parece bom para você?* **(ajuste)**
– Para mim está bom assim.

QUINTO PASSO: CONCORDEM COM A RESOLUÇÃO

Quando vocês concordarem com a solução proposta, ofereça uma frase de resolução. Você pode dizer: *"Ótimo. Fico contente de termos resolvido isso"* (**resolução**). Haverá ocasiões em que vocês não vão concordar, mas mesmo assim você pode oferecer uma frase de resolução: *"Sinto muito por não concordarmos, mas fico feliz por termos conversado. Vamos respeitar a opinião um do outro"* (**resolução**).

Depois de oferecer uma frase de resolução, termine a conversa oferecendo uma frase de reconciliação: *"Gosto de trabalhar com você e não gostaria que surgisse nenhum desentendimento entre nós"* (**reconciliação**). Se vocês não conseguirem chegar a um acordo, encerre a conversa oferecendo uma frase de reconciliação alternativa: *"Lamento não concordarmos* (**resolução**). *Valorizo nosso relacionamento profissional e espero que possamos ir em frente e deixar isso de lado"* (**reconciliação**).

Pontos fundamentais

Treine os seguintes pontos quando concordarem com a resolução:

- Depois de concordarem com a solução, ofereça uma frase de resolução.
- Em seguida, ofereça uma frase de reconciliação.
- Se não conseguirem concordar, ofereça uma frase de resolução sugerindo que os dois respeitem a opinião um do outro e deixem a questão de lado.
- Depois, ofereça uma frase de reconciliação dizendo que quer ir em frente sem deixar que a situação atrapalhe o relacionamento de vocês.

Concordando com a resolução

Jodie continuou:
— *Ted, fico feliz por você ter vindo falar comigo. Desculpe se ignorei você e acho ótimo termos encontrado uma solução que vai funcionar para nós dois* (**resolução**). *Acho que essa conversa vai fortalecer nosso relacionamento, sabendo que podemos resolver qualquer diferença* (**reconciliação**).

SOLUÇÃO DE CONFLITOS: O MODO CERTO

Jodie trabalhava como repórter num jornal e estava revisando um artigo que havia escrito quando Ted, um colega de trabalho, entrou em sua baia. Pegando-a desprevenida, ele disse com raiva:
— Você sempre me ignora quando faço perguntas ou tento falar com você. Não entendo por que você faz isso comigo e estou farto. Não mereço ser tratado assim, e parece que você se acha melhor do que eu. Isso é grosseria.

Ted olhou irritado para Jodie, que ficou perplexa com o que ele disse. Seu pensamento imediato foi de se defender da acusação, especialmente quando ele disse que ela sempre o ignorava, porque sabia que isso não era verdade. Quando sentiu a raiva borbulhando, Jodie se controlou. Não respondeu nem reagiu. Em vez disso, projetou uma expressão facial interessada e pôs as mãos no colo enquanto ele falava. Acalmou os pensamentos acelerados respirando fundo e lentamente enquanto processava o comentário negativo. Sabia que Ted estava correto em parte; algumas vezes ela o havia ignorado. Mas só fazia isso quando precisava manter o fluxo de pensamento. Pensou em como responder de modo construtivo para resolverem o conflito com eficácia.

Jodie sorriu e demonstrou interesse em sua expressão facial quando disse:

– *Ted, valorizo o que você está dizendo e fico contente por conversarmos sobre o que está acontecendo* (**ajuste**).

Ted pareceu relaxar um pouco.

Jodie já havia admitido que algumas vezes ignorara Ted, por isso fez uma pergunta para esclarecer:

– Está dizendo que eu sempre ignoro você quando faz uma pergunta?

Ted admitiu:

– Bom, nem sempre. Mas muitas vezes, sim. Sei que você deve ter me ouvido, mas você age como se não tivesse.

Jodie assentiu, pensativa.

– *Sinto muito por você ter tido de falar sobre isso comigo. Eu também ficaria chateada se achasse que alguém estava me ignorando* (**desculpas, compreensão**). – Ela ficou satisfeita ao ver Ted sorrindo e se acalmando.

Jodie se sentia preparada para continuar a conversa, por isso acrescentou:

– Por que você não se senta? *Tenho certeza de que, conversando, resolveremos o problema* (**ajuste**).

Jodie disse:

– *Entendo que você sente que às vezes eu o ignoro quando me faz uma pergunta, não é?* (**compreensão**).

Ted assentiu. Jodie continuou falando em voz calma e mantendo uma expressão facial atenta:

– Pensei sobre isso e preciso concordar. Às vezes ignoro mesmo você. Mas o motivo é o seguinte: quando estou escrevendo um artigo, preciso anotar logo as ideias que vêm à mente, caso contrário acabo me perdendo. Quando você faz alguma pergunta nesse momento, eu continuo digitando para não perder a ideia porque, quando ela escapa, é para sempre. E *quando isso acontece eu fico frustrada* (**frase com "eu"**). – Ela sorriu.

Ted disse:

– Ah, isso já aconteceu comigo também.

– *Se já aconteceu, então você entende a minha frustração* (**compreensão**).

– Entendo, sim.

Então Ted sugeriu:

– Desculpe. De agora em diante não vou mais fazer perguntas quando vir que você está digitando.

Jodie pensou na solução proposta e disse:

– *Não, não quero que você faça isso. Que tal o seguinte: se você vier e eu estiver digitando, espere até eu anotar a ideia. E, se eu estiver concentrada demais, vou lhe dar um sinal indicando que não é uma boa hora. Parece bom para você?* (**ajuste**)

– Para mim está bom assim.

Jodie continuou:

– *Ted, fico feliz por você ter vindo falar comigo. Desculpe se ignorei você, e acho ótimo termos encontrado uma solução que vai funcionar para nós dois* (**resolução**). *Acho que essa conversa vai fortalecer nosso relacionamento, sabendo que podemos resolver qualquer diferença* (**reconciliação**).

POR QUE ISSO FUNCIONA

Quando Ted falou de modo agressivo com Jodie, o primeiro instinto dela foi se defender. Sentiu que estava ficando com raiva, mas, como tinha aprendido as habilidades para solucionar conflitos de modo eficaz, recompôs-se rapidamente, voltou aos trilhos e iniciou o processo de cinco passos. Apesar de Ted tê-la abordado, Jodie comandou a conversa. Manteve a compostura e mostrou, pelas expressões faciais e pela linguagem corporal, que estava interessada, que respeitava Ted e que queria encontrar uma solução aceitável para os dois. Não teve medo de concordar com o ponto de vista de Ted, de que o havia ignorado algumas vezes. E, como explicou o motivo, Ted passou a entender melhor. O modo como Jodie falou durante toda a conversa manteve o diálogo positivo e construtivo, e os dois puderam chegar a um acordo. Ainda que esse tenha sido um problema simples entre dois colegas, seguir o processo de cinco passos ajudará você a resolver qualquer atrito.

ALGO PARA PENSAR

Quando alguém lhe der um feedback negativo, pense nele como positivo. Se a avaliação for justa, proporcionará uma oportunidade de crescimento; se não for, reforçará sua capacidade de solucionar conflitos. Lembre-se: ninguém é perfeito. Nem sempre enxergamos os pontos fortes e fracos. E todos fazemos coisas que incomodam os outros. Não há melhor aprendizado que um comentário negativo, mas só aprendemos quando paramos para analisar o que estamos ouvindo. Assim, na próxima vez que receber um feedback negativo, verifique se é verdadeiro. Escute. Analise. Decida se vai aceitar ou não. Independentemente do que você decidir, a outra pessoa ainda terá um problema com você, então use o processo dos cinco passos para pôr fim ao atrito. Depois pergunte-se: daqui em diante o que posso fazer de modo diferente para impedir que isso aconteça de novo? Assim você será visto como alguém que se importa de fato com o modo como trata os outros.

AGRADECIMENTOS

Gostaria de agradecer a todos os funcionários da AMACOM Books que participaram da produção deste livro. Vocês formam uma grande equipe – *nem um pouco* difícil de lidar. Gostei de trabalhar com cada um neste projeto.

Quero fazer um agradecimento especial ao meu editor na AMACOM Books, Bob Nirkind, que foi solidário e encorajador enquanto trabalhávamos juntos na criação deste livro. Eu não poderia pedir um editor melhor, já que é sempre um prazer trabalhar com você.

Obrigada à minha editora de produção, Barbara Chernow. Agradeço o carinho e a atenção que você dá a cada um dos meus livros. Sei que, com você, eles estão nas melhores mãos.

Minha gratidão a meu marido, Joe, à minha família e aos meus amigos. Obrigada por ajudarem neste projeto.

E meu reconhecimento aos leitores dos meus livros. Meu propósito é sempre melhorar seus talentos e habilidades. Se eu puder ajudá-los a lidar melhor com pessoas difíceis, terei alcançado meu objetivo.

SOBRE A AUTORA

Renée Evenson é consultora de treinamento em empresas e escritora especializada em psicologia organizacional. Durante a carreira de quinze anos como gerente na BellSouth Telecommunications, ela foi responsável pelo atendimento a clientes para o mercado de pequenas empresas, pela administração de pessoal de vendas e marketing, pelo treinamento e desenvolvimento de pessoal, pelo desenvolvimento de liderança de equipe e pelo planejamento estratégico.

Depois de sair da BellSouth, Renée levou seu conhecimento e sua experiência para a carreira de escritora. É autora de *Customer Service 101: Basic Lessons to Be Your Best*, *Customer Service 201: Managing Your People to Be Their Best*, *Customer Service Training* (2ª edição), *Award-Winning Customer Service*, *Customer Service Training 101* e *Powerful Phrases for Effective Customer Service*.

Renée escreveu numerosos artigos para revistas falando sobre relações entre clientes, funcionários e gestores e foi entrevistada por diversos veículos de mídia impressa e de rádio. Já morou em Chicago, na Flórida e em Nova Jersey, mas agora ela e sua família vivem na ilha Saint Simons, na Geórgia.

CONHEÇA ALGUNS DESTAQUES DE NOSSO CATÁLOGO

- Augusto Cury: Você é insubstituível (2,8 milhões de livros vendidos), Nunca desista de seus sonhos (2,7 milhões de livros vendidos) e O médico da emoção
- Dale Carnegie: Como fazer amigos e influenciar pessoas (16 milhões de livros vendidos) e Como evitar preocupações e começar a viver
- Brené Brown: A coragem de ser imperfeito – Como aceitar a própria vulnerabilidade e vencer a vergonha (600 mil livros vendidos)
- T. Harv Eker: Os segredos da mente milionária (2 milhões de livros vendidos)
- Gustavo Cerbasi: Casais inteligentes enriquecem juntos (1,2 milhão de livros vendidos) e Como organizar sua vida financeira
- Greg McKeown: Essencialismo – A disciplinada busca por menos (400 mil livros vendidos) e Sem esforço – Torne mais fácil o que é mais importante
- Haemin Sunim: As coisas que você só vê quando desacelera (450 mil livros vendidos) e Amor pelas coisas imperfeitas
- Ana Claudia Quintana Arantes: A morte é um dia que vale a pena viver (400 mil livros vendidos) e Pra vida toda valer a pena viver
- Ichiro Kishimi e Fumitake Koga: A coragem de não agradar – Como se libertar da opinião dos outros (200 mil livros vendidos)
- Simon Sinek: Comece pelo porquê (200 mil livros vendidos) e O jogo infinito
- Robert B. Cialdini: As armas da persuasão (350 mil livros vendidos)
- Eckhart Tolle: O poder do agora (1,2 milhão de livros vendidos)
- Edith Eva Eger: A bailarina de Auschwitz (600 mil livros vendidos)
- Cristina Núñez Pereira e Rafael R. Valcárcel: Emocionário – Um guia lúdico para lidar com as emoções (800 mil livros vendidos)
- Nizan Guanaes e Arthur Guerra: Você aguenta ser feliz? – Como cuidar da saúde mental e física para ter qualidade de vida
- Suhas Kshirsagar: Mude seus horários, mude sua vida – Como usar o relógio biológico para perder peso, reduzir o estresse e ter mais saúde e energia

sextante.com.br